Agnès Roubille
Sigrid Maurel

Troubleshooter Französisch

Typische Fehler vermeiden

Hueber Verlag

Vielen Dank an unsere KursteilnehmerInnen, deren
erreurs zum Gelingen dieses Buches beigetragen haben.

3. 2. 1. | Die letzten Ziffern
2020 19 18 17 16 | bezeichnen Zahl und Jahr des Druckes.
Alle Drucke dieser Auflage können, da unverändert,
nebeneinander benutzt werden.
1. Auflage

Umschlaggestaltung: creative partners gmbh, München
Umschlagillustration und alle Zeichnungen: Martin Guhl, Stein am Rhein, Schweiz
Konzeption: Valerio Vial, München
Redaktion: Jürgen Frank, Hueber Verlag, München
Layout und Satz: Sieveking · Agentur für Kommunikation, München und Berlin
Druck und Bindung: Kessler Druck + Medien GmbH & Co. KG, Bobingen
Printed in Germany
ISBN 978-3-19-557918-6

Art. 530_19702_001_01

Für wen ist dieses Buch?

Sie sprechen bereits Französisch, aber es schleichen sich immer wieder dieselben Fehler ein? Sie sind sich manchmal nicht sicher, ob Sie die richtige Zeitform oder das richtige Wort gewählt haben? Zwei Formen sind sich ähnlich und Sie wissen nicht, für welche Sie sich entscheiden sollen? Kurzum: Sie möchten Ihr Französisch verbessern und die typischen Fehler verlernen? Dann ist dieses Buch genau das richtige für Sie.

Natürlich ist Fehler nicht gleich Fehler. Wenn manch ein *erreur* (Fehler) zum Französischlernen einfach dazugehört, kann bei einem *horreur* (etwa: entsetzlicher Fehler) von einer *bonne impression* gewiss nicht mehr die Rede sein!

Was Sie mit diesem Buch erreichen können

Mit diesem Übungsbuch können Sie gezielt Ihr Französisch von den lästigen *erreurs* befreien, zu denen deutschsprachige Lernende immer wieder neigen. *Troubleshooter Französisch* bietet Ihnen 250 Übungen zu Grammatik, Wortschatz und Sprachgebrauch und ist bestens zum praktischen und schnellen Wiederholen und Üben geeignet. Das Buch ermöglicht eine Analyse und Korrektur fehleranfälliger Bereiche und fördert die korrekte und authentische Kommunikation.

Troubleshooter Französisch eignet sich für Selbstlerner, die wichtige Wörter und Sprachstrukturen üben und festigen wollen, sowie als zusätzliches Übungsmaterial in allen Bildungseinrichtungen.

Wie das Buch aufgebaut ist

Troubleshooter Französisch besteht aus drei Teilen: *Sprechen und Schreiben* (S. 7–26), *Wörter und Wendungen* (S. 27–86) sowie *Grammatik* (S. 87–191). Im Inhaltsverzeichnis (S. 5–6) finden Sie hierzu detailliertere Informationen. Selbstverständlich enthält das Buch auch einen Lösungsschlüssel (S. 193–233), mit dem Sie Ihre Arbeit kontrollieren und notfalls berichtigen können. Hier finden Sie auch ergänzende Erklärungen zu den typischen Fehlern – jeweils nach diesem Symbol ▶.
Am Ende des Buches befindet sich außerdem ein alphabetisches Register (S. 235–239), das ein schnelles Auffinden der behandelten Wörter und Themen ermöglicht.

Wie Sie mit dem Buch arbeiten können

Über das Inhaltsverzeichnis oder das Register im Anhang finden Sie die Themen, die Sie gezielt üben möchten. Das Buch ist aber insgesamt so abwechslungsreich gestaltet, dass Sie es auch systematisch von Kapitel zu Kapitel bearbeiten können. Oder aber Sie schlagen das Buch einfach auf und machen nur die Übungen, die Sie interessieren. Folgen Sie dabei auch den Hinweisen in den Infoboxen, die Sie immer wieder auf zusammenhängende Themen in anderen Kapiteln aufmerksam machen.

Aus Fehlern wird man klug!

Jedes Thema bietet Übungen unterschiedlichen Schwierigkeitsgrades (etwa von Niveau A1 bis B2 des *Gemeinsamen Europäischen Referenzrahmens*). Das kleine Symbol oben links – direkt neben der Übungsziffer – weist darauf hin, dass sich die jeweilige Übung für Lernende mit Kenntnissen auf dem Niveau B1 bis B2 eignet. Sind Sie Anfänger, dann sollten Sie sich zunächst unbedingt mit den anderen Übungen – für das Niveau A1 bis A2 – beschäftigen. *Troubleshooter Französisch* konzentriert sich auf die besonders fehleranfälligen Bereiche des Französischen. Weiterführende Informationen zu den umrissenen Themen erhalten Sie in einem Wörterbuch oder einer Grammatik.

Lassen Sie sich nicht entmutigen, wenn Sie eine Übung nicht auf Anhieb richtig lösen können. Es ist geradezu der Zweck mancher Übungen, Aha-Erlebnisse auszulösen und somit ein besseres Verständnis für die grammatikalischen und lexikalischen Strukturen der französischen Sprache zu ermöglichen. Am besten Sie wiederholen die Übung zu einem späteren Zeitpunkt und lernen einfach dazu – ganz nach dem Motto *Pas d'apprentissage sans erreur* (Aus Fehlern wird man klug).

Bon travail et amusez-vous bien !

Autorinnen und Verlag

Verwendete Abkürzungen:

qn = quelqu'un (jemand)
qc = quelque chose (etwas)
jmd. = jemand
etw. = etwas

m = maskulin (männlich)
f = feminin (weiblich)
fam. = umgangssprachlich

Inhaltsverzeichnis

Sprechen und Schreiben 7

1. Aussprache und Betonung 8

1.1 Gut gemeint, aber 9
Kleine und große Aussprachefallen

1.2 So treffen Sie den richtigen Ton 18
Das gehört betont

2. Schreibung 19

2.1 Zeichen setzen! 20
So schreiben Sie richtig

2.2 Buchstäblich falsch 24
Auf einen Buchstaben kommt es an

Wörter und Wendungen 27

3. Wortschatz 28

3.1 Der Schein trügt 29
Vom Umgang mit falschen Freunden

3.2 Wer die Wahl hat, hat die Qual 33
Ein Wort im Deutschen – mehrere im Französischen

4. Wendungen 56

4.1 Gute Nachbarn 57
Wörter, die zusammenpassen

4.2 So viele Bilder im Kopf 69
Bildliche Redewendungen

4.3 Wie sagt man noch mal ...?.... 74
Wo Franzosen anders ticken

Grammatik 87

5. Artikel 88

5.1 Im Regeldickicht 89
Bestimmte und unbestimmte Artikel

5.2 Mit oder ohne? 92
Gebrauch der Artikel

5.3 Wer teilt, hat mehr! 94
Teilungsartikel

6. Substantive 97

6.1 Männlein oder Weiblein? 98
Geschlecht der Substantive

6.2 Einer allein reicht nicht 101
Plural der Substantive

7. Adjektive und Adverbien 104

7.1 Ende gut, alles gut 105
Endungen der Adjektive

7.2 Jedem das Seine 109
Possessivadjektive

7.3 Größer, schöner, besser! 112
Steigerung der Adjektive

7.4 Der feine Unterschied 114
Adjektiv oder Adverb?

7.5 Wohin damit? 118
Stellung der Adjektive und Adverbien

8. **Pronomen & Co.** 122
8.1 **Die Alleskönner** 123
Personalpronomen
8.2 **Klein, aber oho!** 128
Die Wörtchen y und en
8.3 **Alles ist relativ?** 133
Relativpronomen

9. **Präpositionen** 136
9.1 **Die Dauerbaustelle** 137
Gebrauch der Präpositionen
9.2 **Das schweißt zusammen** 144
Präpositionen mit oder ohne Artikel
9.3 **Gut möglich!** 146
Infinitiv mit oder ohne Präposition

10. **Verben** 148
10.1 **C'est qui ? Il y a quelqu'un ?** 149
Die Ausdrücke c'est und il y a
10.2 **Reine Formsache** 152
Reflexive Verben
10.3 **Auf Beugen und Brechen**..... 156
Verbkonjugationen
10.4 **Die Mischung macht's** 161
Zusammengesetzte Verbformen
10.5 **Geht es auch direkter?**....... 167
Verben mit direktem (Akkusativ) oder indirektem Objekt (Dativ)
10.6 **Niemand ist perfekt** 169
Passé composé oder imparfait?
10.7 **Was in den Sternen steht** ... 172
Das Futur
10.8 **Befiehl mir was!**............... 173
Der Imperativ
10.9 **Das Phantom der Verben** 176
Das gérondif
10.10 **Nicht nur Tatendrang**......... 178
Das Passiv
10.11 **Mit Gefühl** 181
Der subjonctif
10.12 **Mit Wenn und Aber** 186
Der conditionnel
10.13 **Stille Post** 189
Indirekte Rede und Zeitenfolge

Lösungen 193

Register 235

Sprechen und Schreiben

1. Aussprache und Betonung

1.1 Gut gemeint, aber ...
Kleine und große Aussprachefallen

1.2 So treffen Sie den richtigen Ton
Das gehört betont

1.1 Gut gemeint, aber ...

Kleine und große Aussprachefallen

Wie ein ungeschliffener Diamant oder ein unvollkommenes Werk wirken Aussprachefehler auf Ihr Gegenüber. Solange man Sie trotzdem versteht, sind sie nicht so schlimm. Wer aber wollte sie nicht gern vermeiden? Dann lassen Sie uns den Diamanten schleifen und ihn zum Glitzern bringen.

1 Un café, s'il vous plaît !

In welchen Wörtern wird das *c* wie [k] in „Kino" und in welchen wie [s] in „nass" gesprochen? In welchen Wörtern kommen beide Laute vor? Kreuzen Sie an.

	[k]	[s]
1. café	●	●
2. chocolat	●	●
3. croissant	●	●
4. citron	●	●
5. culture	●	●
6. centre	●	●
7. bicyclette	●	●
8. sac	●	●
9. accident	●	●
10. garçon	●	●

! Sie wollen es so richtig schwierig? Dann versuchen Sie sich doch an einem Zungenbrecher: *C'est combien ces six saucisses et ces six saucissons ? C'est six sous, ces six saucisses et ces six saucissons.*

2 Une girafe au garage

In welchen Wörtern wird das *g* wie [g] und in welchen wie [ʒ], also wie das *g* in „Genie" bzw. wie das *j* in „Journalist", gesprochen? Ordnen Sie folgende Wörter dem passenden Laut zu. In welchem Wort kommen beide Laute vor?

glace • garage • girafe • mangue • gymnastique • golf
voyageons • manger

[g]					
[ʒ]					

3 Qui ? Quoi ? Comment ?

Richtig oder falsch? Beantworten Sie folgende Fragen zur französischen Aussprache.

	vrai	faux
1. Le *q* dans les mots français *qui, quelqu'un* se prononce comme dans les mots allemands „Quittung" ou „Quadrat".		
2. Le *h* dans le mot français *haricot* ne se prononce pas, donc on fait la liaison au pluriel : *les‿haricots*.		
3. Le *v* dans le mot allemand „Vater" se prononce comme dans le mot français *vacances*.		
4. Le *w* dans le mot allemand „wieder" se prononce comme le *v* dans le mot français *vin*.		
5. Le *gn* dans le mot français *signal* se prononce comme le *gn* dans le mot allemand „Signal".		
6. Le *ng* dans le mot français *parking* se prononce de la même façon en français et en allemand.		

4 Pssssst

Wird das *s* in folgenden Wörtern stimmlos (wie im deutschen Wort „Kuss“) oder stimmhaft (wie im deutschen Wort „Sommer“) ausgesprochen?

symbole • désert • stop • transmettre • poison • salut
Tunisie • curiosité • descendre • dessert • réaliser • anniversaire

stimmlos					
stimmhaft					

❗ Berühren Sie im Zweifel Ihren Kehlkopf: Schwingen die Stimmbänder, dann sind die Konsonanten stimmhaft!

5 Zzzzzzzz…

… Mücken bleiben draußen! Lassen Sie nur Wörter mit stimmlosem *s* (wie im deutschen Wort „Kuss“) ins Haus.

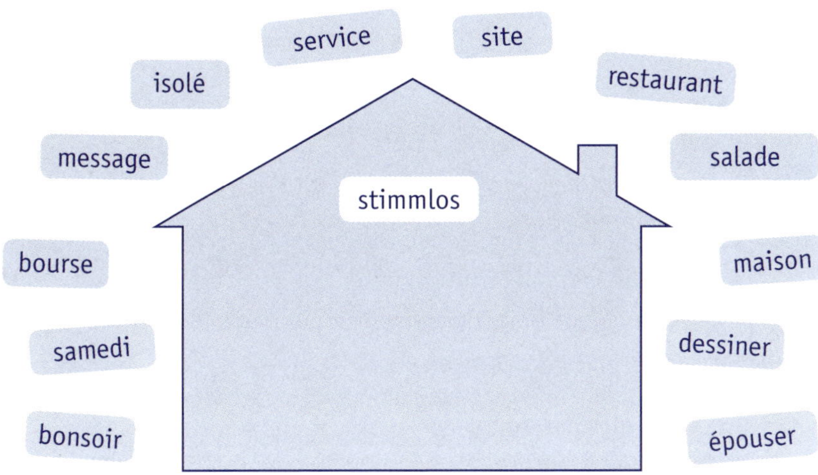

6 Tous

Wird das *s* von *tous* oder *plus* in folgenden Beispielen ausgesprochen? Kreuzen Sie an. Versuchen Sie anschließend, eine Regel zu formulieren.

	ja	nein
1. Le repas est prêt, venez tous !	●	●
2. Tous nos vœux[1] de bonheur aux jeunes mariés !	●	●
3. Les invités[2] sont arrivés tous au même moment, le stress total !	●	●
4. Je fais 20 minutes de marche tous les jours.	●	●
5. C'est le meilleur joueur de tous.	●	●

[1] vœu *m* = Wunsch
[2] invité *m* = Gast

7 Plus

Ergänzen Sie hinter *plus* ein [s], wenn das *s* stimmlos, ein [z], wenn es stimmhaft und [Ø], wenn es gar nicht gesprochen wird.

1. Je n'aime pas la foule. – Moi non plus [ ] !
2. Le film le plus [ ] intéressant du festival a pour thème la crise migratoire[1].
3. Tu en veux plus [ ] ? – Non merci, je n'ai plus [ ] faim, je vais exploser !
4. Je reviens dans une heure. À plus[2] [ ] !
5. Je veux dire plus [ ] exactement qu'on a besoin de plus [ ] d'argent pour terminer ce projet.
6. J'ai perdu plus [ ] de 10 kilos en un mois avec ce régime[3] !

[1] crise migratoire *f* = Flüchtlingskrise
[2] À plus (tard) ! = Bis später!
[3] régime *m* = Diät

8 Soixante-six saxophones

Das französische *x* wird sehr unterschiedlich ausgesprochen: [ks] wie in „Taxi“, stimmloses *s* [s] wie in „Kuss“, stimmhaftes *s* [z] wie in „Sommer“, [gs] wie in „tagsüber“ … und manchmal spricht man es gar nicht. Ordnen Sie folgende Wörter dem passenden Laut zu.

texte • six • six oranges • examen • deuxième • xylophone • soixante • saxophone • exercice • croix • boxe • voix • exhumer[1]

[ks] ____________________

[s] ____________________

[z] ____________________

[gs] ____________________

[Ø] ____________________

[1] exhumer = exhumieren, ausgraben

9 Mille bouteilles

Unterstreichen Sie alle Wörter, in denen *ll* wie [j] ausgesprochen wird. Wie wird *ll* in den anderen Wörtern ausgesprochen?

10 Ooooh

Ergänzen Sie jeweils den Vokal *o*. Schreiben Sie ihn groß, wenn er offen wie in „toll" gesprochen wird, und klein, wenn man ihn geschlossen wie in „Boot" spricht.

1. r_*o*_se
2. le reb_*O*_rd[1]
3. nég___cier
4. la p___mme
5. le numér___
6. gr___s
7. l'éc___le
8. la p___ste
9. acc___ster[2]
10. le d___cteur

[1] rebord *m* = Rand
[2] accoster = ansprechen

11 J'ai fermé la fenêtre

In dieser Übung geht es um die Aussprache der drei *e*-Laute: geschlossenes *e* [e] wie in „See", unbetontes *e* [ə] wie in „singen" und offenes *e* [ɛ] wie in „Fest". Ordnen Sie folgende Wörter dem passenden Laut zu. Achtung, einige Wörter enthalten zwei verschiedene Laute!

le • les • lait • je • gagné • gagnais • viendrai • nez
fillette[1] • peigner • mais • être • fermons • marcher • et

[e] ______________________________

[ə] ______________________________

[ɛ] ______________________________

[1] fillette *f* = Mädchen

12 Douce France

Wird das *e* in folgenden Wörtern ausgesprochen? Kreuzen Sie an.

	ja	nein		ja	nein
1. France	●	●	6. artiste	●	●
2. demain	●	●	7. amie	●	●
3. mercredi	●	●	8. entretien	●	●
4. samedi	●	●	9. heureusement	●	●
5. automne	●	●	10. menu	●	●

13 Les consonnes fantômes (Ø)

Lesen Sie die Sätze laut und streichen Sie die Konsonanten, die nicht ausgesprochen werden.

1. Tu peux lui passer un coup de téléphone ?
2. Zut ! J'ai acheté trop de persil.
3. En automne, les feuilles tombent.
4. Je prends le magret de canard, et toi ?
5. Il tient beaucoup à ses livres.

14 Sans façon

Welche Wörter enthalten den Laut [ɑ̃] wie in *croissant* und welche den Laut [ɔ̃] wie in *bonjour*? Kreuzen Sie an.

		[ɑ̃]	[ɔ̃]			[ɑ̃]	[ɔ̃]
1.	comment			6.	blond		
2.	le front			7.	le camembert		
3.	sans			8.	compris		
4.	combien			9.	l'enfant		
5.	le champagne			10.	blanc		

15 Fin

Hier geht es um das „nasalierte i" [ɛ̃] wie im französischen Wort *teint*. Unterstreichen Sie die Nasale [ɛ̃] in den folgenden Wörtern. In welchen Wörtern wird *in* nicht nasal gesprochen?

combien • inutile • intéressant • timbre • ordinateur • parfum
sympathique • tartine • médecin • syntaxe • synonyme
impôt • faim

! Sie klingen alle ähnlich und im Deutschen gibt es sie nicht. Doch Nasale sind kein Grund zur Panik: Beim Üben hilft es, *a*, *o* oder *i* auszusprechen, während man sich die Nase zuhält. So kann man sich mit diesen merkwürdigen Lauten richtig vertraut machen. Und erinneren Sie sich noch an das Lied „Frankreich, Frankreich" von den Bläck Fööss (1985)? Genau, so geht's.

16 La liaison

Typisch für die französische Aussprache ist die sogenannte *liaison*: Dabei wird der an sich stumme letzte Konsonant eines Wortes ausgesprochen, wenn das nachfolgende Wort mit einem Vokal oder „stummem *h*" anfängt. Die beiden Wörter bilden dann eine phonetische Einheit. Und jetzt sind Sie dran!

Lesen Sie die Sätze laut und markieren Sie mit einem kleinen Bogen ‿ die Wörter, die beim Sprechen miteinander verbunden werden.

1. Bonjour, comment allez-vous ?
2. Je suis allemande et j'ai deux enfants.
3. Tu as de beaux yeux, tu sais !
4. Vous habitez en Allemagne ?
5. Où est Manon ? – Elle est à la fac.
6. Jean et Isabelle ont acheté une maison. Elle est très agréable.
7. Elle adore les haricots verts avec du beurre.
8. Les hôpitaux sont fermés aujourd'hui.
9. Quand a lieu le salon du chocolat ?
10. Demain, mes amis arrivent. Nous allons jouer au football.

1.2 So treffen Sie den richtigen Ton

Das gehört betont

Haben Sie ein musikalisches Gehör? Was fällt Ihnen auf, wenn Sie Französisch hören? Auch wenn Sie den Eindruck haben, dass alle Wörter miteinander verbunden sind, können Sie die betonte Silbe bestimmt heraushören. Ob Sie französischen Rhythmus im Blut haben, können Sie gleich anhand folgender Übungen überprüfen.

17 Un peu de musique

Wo liegt die betonte Silbe? Ordnen Sie den Wörtern das passende Betonungsmuster zu. Jede Note stellt eine Silbe dar.

1. bonjour
2. musicien
3. était
4. champignon
5. apéritif

a.
b.
c.

1.	2.	3.	4.	5.

Können Sie eine Regel aus diesen Beispielen ableiten?

18 Au rythme de la phrase

Lesen Sie die Sätze und unterstreichen Sie die betonte Silbe.

1. J'apprends.
2. J'apprends le français.
3. J'apprends le français à l'université.
4. J'apprends le français à l'université de Munich.

Können Sie eine Regel aus diesen Beispielen ableiten?

2. Schreibung

2.1 Zeichen setzen!
So schreiben Sie richtig

2.2 Buchstäblich falsch
Auf einen Buchstaben kommt es an

2.1 Zeichen setzen!

So schreiben Sie richtig

Obwohl Satzzeichen und Akzente in der digitalen Welt aus praktischen Gründen immer weniger gebraucht werden, sollten Sie deren Anwendung kennen – es macht einfach einen besseren Eindruck. Vor allem die Akzente sind wichtig: Sie haben meist einen Einfluss auf die Aussprache, und manchmal kann man nur durch den Akzent zwei ansonsten völlig gleich aussehende Wörter, wie z. B. *forêt* der Wald und *foret* der Bohrer, unterscheiden. Lesen Sie also das Kleingedruckte – und schreiben Sie es auch!

19 Mettons les points sur les *i* [1]

Sind folgende Aussagen zur französischen Rechtschreibung richtig oder falsch? Kreuzen Sie an.

	vrai	faux
1. Après deux points, on met une majuscule.	●	●
2. Après un point d'interrogation, on met une minuscule.	●	●
3. Il est possible d'utiliser plusieurs types de guillemets : „…", «…».	●	●
4. Tous les signes doubles (: / ;), les points d'interrogations (?) et les points d'exclamation (!) sont précédés d'une espace[2].	●	●
5. La date s'écrit sans points : le 3 4 2015 et non le 3.4.2015.	●	●
6. Les abréviations s'écrivent avec un point : le T.G.V.	●	●
7. Les nombres s'écrivent sans point : 10 325.	●	●
8. Les siècles s'écrivent avec un point : le XIXe siècle.	●	●

[1] mettre les points sur les i = Klarheit in die Sache bringen
[2] espace *f* = Leerzeichen

> **!** In Briefen wird das Datum meist so geschrieben: *Marseille, le 27 octobre 2015.*

20 MAJUSCULE ou minuscule ?

Setzen Sie im folgenden Text die Großbuchstaben, wo es nötig ist.

après cinq ans de fermeture, le musée picasso rouvre ses portes ce samedi 25 octobre. c'est un grand moment de fête gratuit pour tous. installé au cœur du quartier du marais depuis 1985 dans l'hôtel salé, ce monument baroque avait grand besoin d'une rénovation pour garantir la sécurité du public et un accès facile aux handicapés. parallèlement à ces aménagements[1], la surface d'exposition a triplé et permet aux touristes de redécouvrir les 5000 œuvres de la collection picasso, aussi bien peintures, sculptures que photographies. la ville de paris espère aussi reconquérir[2] le public francilien[3]. à voir et revoir donc du mardi au vendredi de 11 h 30 à 18 h et le week-end de 9 h 30 à 18 h au 5, rue de thorigny. nocturne[4] le troisième vendredi du mois jusqu'à 21h.

[1] aménagement *m* = Bauarbeiten
[2] reconquérir = wiedererobern
[3] francilien *m* = Einwohner der *Île de France* (Gegend um Paris)
[4] nocturne *m* = lange Nacht des Museums, es hat bis spät geöffnet

21 Nous voulons des virgules !

Lesen Sie die Sätze und ergänzen Sie die Kommas, wo es angebracht ist.

1. Le matin je lis mes mails et le journal avant de travailler.
2. Chloé espère que Léo lui téléphonera pour proposer une sortie.
3. Je te conseille de lire le dernier livre de Patrick Modiano qui vient de recevoir le prix Nobel de littérature.
4. Arnaud est un collègue très difficile mais il a à mon avis un sens des affaires très poussé[1].
5. À peine sortie de réunion j'ai sauté dans le premier train pour Toulouse.
6. Il n'a rien oublié heureusement.

[1] poussé = *hier:* ausgeprägt

22 Les accents, ce n'est pas pour décorer !

Ergänzen Sie den richtigen Akzent: einen *accent aigu* wie in *café* (geschlossenes *e* wie in „See"), einen *accent grave* wie in *deuxième* oder einen *accent circonflexe* wie in *fenêtre* (beides offenes *e* wie in „Fest").

creme leger honnete preferer

pres fete scene

> **!** Der *accent circonflexe* zeigt in vielen Fällen ein nicht mehr gesprochenes *s* an, z. B. in *fenêtre*, das vom lateinischen *fenestra* abgeleitet ist. Wer gute Lateinkenntnisse hat, ist also fein heraus. Der *accent circonflexe* kann übrigens auf allen Vokalen außer auf *y* (= [i]) stehen.

23 Où sont passés les accents ?

In den folgenden Sätzen sind die Akzentzeichen verschwunden. Ergänzen Sie sie.

1. Ou es-tu ? Tu es deja la ? Je ne te vois pas !
2. Notre hotel est situe sur la cote Atlantique.
3. Quel age a ton frere ?
4. Ce quartier n'est pas tres sur. Il faut toujours etre sur ses gardes.
5. Il a un ordinateur portable a cote de lui.
6. Qu'est-ce que tu preferes ? Un cafe ou un the ?

24 L'apostrophe, une solution au choc des voyelles

Bilden Sie Sätze und setzen Sie ein Apostroph, wo es nötig ist.

1. je / opéra / aime / le

 ___

2. se / elle / bientôt / installe / à / Nantes

 ___

3. est / une ville / ce / très / intéressante

 ___

4. il / espère / ne / plus / revoir / la

 ___

5. fait / si / beau / ne / il / tu / de / as / envie / faire / pas / un / pique-nique

 ___

25 Traits d'union effacés

In den folgenden Sätzen sind die Bindestriche gelöscht worden. Ergänzen Sie sie, wo nötig.

1. Servez vous et mangez pendant que c'est chaud, j'arrive tout de suite.
2. Saviez vous que cette année, l'Allemagne est troisième au classement mondial des meilleures universités ?
3. Clément va bientôt fêter ses trente deux ans. Nous allons lui offrir un four à micro ondes pour son nouvel appartement.
4. Ce manteau, tu le trouves comment ? Je préfère celui ci.
5. Allez, dépêche toi maintenant, le train ne va pas nous attendre !

> **!** Für zusammengesetzte Wörter (wie *beau-père*, aber *machine à écrire*) gibt es keine festen Regeln. Da hilft nur das Wörterbuch!

2.2 Buchstäblich falsch

Auf einen Buchstaben kommt es an

Seltsam, aber wahr: Ein einzelner Buchstabe verrät nicht nur, wie gut Sie die französische Rechtschreibung drauf haben, sondern er kann auch noch ein Kichern bei Ihren französischen Freunden auslösen. Denn manchmal entscheidet ein einziger Buchstabe über den Sinn eines Wortes. Also, aufgepasst: Es geht um Ihre Ehre!

26 Une ou deux fois ?

Wählen Sie jeweils den fehlenden Buchstaben aus und entscheiden Sie, ob Sie ihn einzeln oder doppelt brauchen.

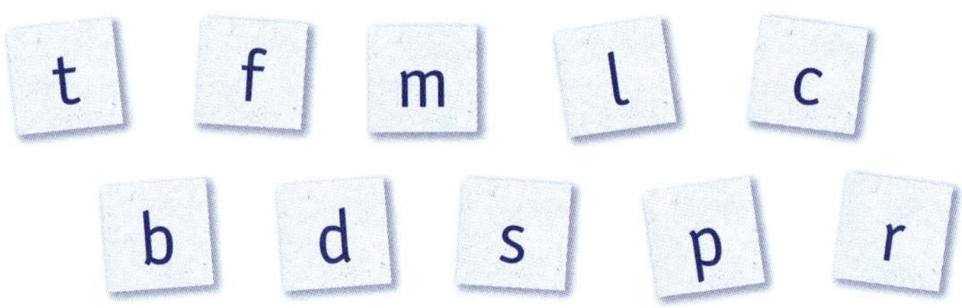

1. a_pp_rendre
2. gira___e
3. i___ogique
4. a___élération
5. gui___are
6. a___ition
7. viole___ent
8. a___réviation
9. pa___er
10. a___iver

> **!** Die Verdoppelung des Buchstabens hat meist keinen Einfluss auf die Aussprache – aber manchmal auf die Bedeutung! Dazu mehr in der folgenden Übung …

27 Sans équivoque[1]

Doppelbuchstabe oder nicht? Wählen Sie jeweils die richtige Alternative.

1. Pain, vin, fromage, tomate, aubergine, banane et (poison / poisson) ... Je crois qu'on a tout, non ?
2. Je ne pourrais jamais vivre dans le (désert / dessert), je ne supporte pas la chaleur. – Oui mais qu'est-ce que c'est beau ! Tu n'es jamais allé dans le Sahara ?
3. C'est bien ici la (file / fille) d'attente pour l'entrée au musée ?
4. J'ai rendez-vous avec le docteur Sixou à 18 h. – Très bien, je vous prie de patienter un peu en (sale / salle) d'attente.
5. Il lui a donné un (baiser / baisser) pour la séduire.

[1] équivoque *f* = Zweideutigkeit

28 La lettre décisive

Manchmal entscheidet ein einziger Buchstabe über den Sinn eines Wortes. Hier haben wir ein paar Beispiele dafür herausgesucht. Lesen Sie die Sätze und wählen Sie jeweils die richtige Alternative.

1. On a fini ? – Oui, oui, on va payer à la (casse / caisse) et on rentre à la maison.
2. Cette année, le film « Timbuktu » a obtenu le césar du meilleur scénario (originel / original).
3. Voici une lettre à l'(intention / attention) de Monsieur le Directeur.
4. Tu as trouvé un (cours / course) de français qui t'intéresse dans le nouveau programme de la Volkshochschule ?
5. On se retrouve à la sortie du métro (avant / devant) le cinéma ?
6. Vous préférez habiter où ? À Paris ou à La Rochelle ? – Pour les vacances, la mer et la plage c'est bien. Mais y rester toute l'année, non merci, je m'ennuierais trop en (province / Provence).

29 Accident ou incident ?

Achtung, Verwechslungsgefahr! Ergänzen Sie die Sätze mit dem richtigen Wort.

1. accident / incident
   a. Il y a eu un ________________ très grave sur l'autoroute A1 : 10 morts et 4 blessés graves.
   b. C'est un ________________ sans importance.

2. familière / familiale
   a. Les enfants sont les bienvenus dans ce restaurant à l'ambiance ________________.
   b. Cette chanson m'est ________________, je l'ai sûrement déjà entendue à la radio.

3. allusion / illusion
   a. Son ________________ à son passage en prison lui a fortement déplu.
   b. Ne vous faites pas d'________________ : le combat contre la maladie sera difficile.

4. officieuse / officielle
   a. Mais comment tu le sais ? – Je ne peux pas te le dire, je le sais de source ________________.
   b. L'annonce ________________ du gouvernement m'a laissée perplexe.

5. infraction / effraction
   a. Vous roulez trop vite : vous êtes en ________________.
   b. Le cambrioleur est entré par ________________ dans la maison.

Wörter und Wendungen

3. Wortschatz

3.1 Der Schein trügt
Vom Umgang mit falschen Freunden

3.2 Wer die Wahl hat, hat die Qual
Ein Wort im Deutschen – mehrere im Französischen

3.1 Der Schein trügt

Vom Umgang mit falschen Freunden

Nicht jeder Freund ist ein echter Freund ... Diese bittere Erkenntnis gilt auch für die französische Sprache: Auch hier mangelt es nicht an Wörtern, die sich anders geben, als sie eigentlich sind. Fakt ist: Sie sehen nur gleich oder ähnlich aus wie deutsche Vokabeln, haben aber meist eine ganz andere Bedeutung. Vorsicht also vor diesen tückischen „falschen Freunden".

30 démonstration / Demonstration

Wie übersetzt man *démonstration* in den ersten drei Sätzen? Und wie sagt man „Demonstration" auf Französisch?

1. Gilles n'a pas le sens de la logique, alors les démonstrations (________________) mathématiques, ce n'est pas sa tasse de thé.
2. Quand Manu rentre à la maison, son chien lui fait toujours la fête et Manu apprécie beaucoup cette démonstration (________________) d'affection.
3. Des défilés militaires sont toujours une démonstration (________________) de force.
4. Attention, ne prenez pas la nationale demain pour rentrer dans Rouen. Une ________________ de grands-mères très engagées bloque la route.

31 brave / brav

Wählen Sie jeweils das passende Wort aus.

1. Saviez-vous qu'Albert Einstein n'était pas très (sage / brave) à l'école ?
2. Alban est très dévoué, tu peux toujours compter sur lui : c'est un (brave / courageux) type.
3. Son enfant est (sage / brave) toute la journée. Il se montre seulement capricieux au moment de faire ses devoirs.
4. Tu as vu cette nouvelle robe ? Elle est vraiment un peu trop (sage / brave) dans notre boutique de mode dernier cri.

32 Maîtresse und Co.

Einige französische Fremdwörter haben im Deutschen eine völlig andere Bedeutung. Ergänzen Sie die Sätze mit den passenden Wörtern aus dem Kasten. Welches Wort bleibt übrig und was bedeutet es?

maîtresse • baiser • rendez-vous • pouf • Parisiens

1. ◆ Cabinet du Docteur Miraculix, bonjour !
   ● Bonjour Madame, je voudrais un ________________ pour cet après-midi. C'est très urgent, j'ai une rage de dents terrible.
2. ◆ Tu as déjà vu la nouvelle ________________ ?
   ● Oui, il parait qu'elle est très patiente avec ses élèves et très compétente en géographie.
3. En France un ________________ est un gros coussin pour s'asseoir.
4. On dit souvent que les ________________ méprisent[1] le reste de la France.

[1] mépriser = verachten

33 Conseils médicaux

Beim Thema Gesundheit gibt jeder gerne gute Ratschläge. Damit Sie sie auf Französisch auch verstehen, sollten Sie die falschen Freunde erkennen. Wollen Sie sich testen? Dann ergänzen Sie den Dialog mit dem richtigen Wort.

◆ Quel (rat / conseil) t'a donné le médecin ? (1.)

● Contre les maux de tête et la fièvre, je dois prendre (un comprimé / une tablette) par jour et surtout me reposer. (2.)

◆ Ouf, rien de grave alors, pas besoin (de perfusion / d'infusion). (3.) Donne-moi (l'ordonnance / la recette), j'irai à la pharmacie après le travail chercher les médicaments. (4.)

● Merci, tu pourrais aussi acheter de nouvelles (piles / batteries) pour le thermomètre ? (5.) Et si tu passes au supermarché, est-ce que tu pourrais m'apporter aussi une soupe en (boîte / dose) ? (6.)

◆ D'accord. À ce soir alors.

> **!** Stellen Sie sich doch selbst eine Liste zusammen, in der Sie die französischen und deutschen Wortpaare, die in beiden Sprachen unterschiedlich gebraucht werden, einander gegenüberstellen.

34 Une tenue en bonne et due forme

Immer gut angezogen. Wer wäre das nicht gern? Das geht natürlich nur, wenn Sie Kostüm und Anzug nicht verwechseln. Ergänzen Sie jeweils das passende Wort.

1. Pour son entretien d'embauche, il a décidé de mettre une v __ __ __ __ et une cravatte.
2. À son mariage, il aura un nouveau c __ __ __ __ __ __.
3. Pour protéger leurs vêtements, les médecins portent une b __ __ __ __ __.
4. N'oublie pas ta s __ __ __ __ __ __ __ __ et ton maillot de bain pour le cours de piscine !
5. Il commence à faire froid, tu devrais mettre ton g __ __ __ __ !

35 Les faux et vrais amis : tout un art !

Welche Übersetzung stimmt? Kreisen Sie jeweils das richtige Wort ein. Vorsicht: Hier gibt's auch echte Freunde!

1. Die Schüler bereiten im Gymnasium zum Ende des Jahres ein Konzert vor.
   Au (gymnase / lycée), les élèves préparent un concert de fin d'année.
2. Wo ist das Kuvert mit der Einladung zu dieser Vorstellung? Und meine Fotokamera?
   Où se trouve donc (l'enveloppe / le couvert) avec l'invitation à ce spectacle ? Et mon (appareil photo / ma caméra) ?
3. D-Day: der Dirigent betritt den großen Saal und die Vorstellung beginnt.
   Jour J : le (dirigeant / chef d'orchestre) entre dans la (grosse / grande) salle et commence la représentation.
4. Können Sie Klavier spielen? Ich kann den „türkischen Marsch" von Mozart ganz gut.
   Vous savez jouer du (piano / clavier) ? Moi, je connais bien la « (Marche / Promenade) turque » de Mozart.

3.2 Wer die Wahl hat, hat die Qual

Ein Wort im Deutschen – mehrere im Französischen

Wer hätte das gedacht? Im Land der *gourmets* wehren sich die Starköche, wenn man ihre Aktivität *cuire* nennt. Bei ihnen ist nur von *cuisiner* die Rede. Wenn Sie Ihre eigene Aktivität als *cuire* bezeichnen, liegt es also nur daran, dass das deutsche Wort „kochen" im Französischen mehrere Entsprechungen hat. Um solche Fälle – mit hohem Missverständnispotenzial – geht es hier.

36 abholen

Ordnen Sie zu.

1. ◆ Alors, c'est toi qui viens me chercher ?
2. ◆ Julia a appelé. Elle est arrivée à la gare.
3. ◆ Regarde cet avis de passage de la poste : la voisine a réceptionné[1] un paquet pour nous.
4. ◆ Est-ce que la voiture que j'ai donnée à réparer est prête ?

a. ● Ah bon ! Je vais aller le chercher tout de suite.
b. ● Oui, vous pouvez venir la chercher quand vous voulez.
c. ● Et maintenant ? Elle vient à la maison en taxi ou est-ce que je dois aller la chercher ?
d. ● Oui, oui, je vais venir te chercher.

[1] réceptionner = in Empfang nehmen

1.	2.	3.	4.

37 bekommen

Übersetzen Sie die Sätze mithilfe der folgenden Verben.

devoir • avoir • recevoir • toucher • obtenir

1. Die Rechnung, bitte! Was bekommen Sie?

   ____

2. Haben Sie den Führerschein bekommen?

   ____

3. Ich habe deinen Brief noch nicht bekommen.

   ____

4. Sie bekommen 3% Zinsen.

   ____

5. Endlich hat sie eine Gehaltserhöhung bekommen.

   ____

38 besuchen

Setzen Sie die passende Entsprechung für „besuchen" ein.

fréquenter • aller • visiter • rendre visite • suivre

1. Mon copain est étudiant Erasmus à Barcelone. Je vais bientôt lui ____________________.
2. Tu as déjà vu la nouvelle exposition du musée du quai Branly ? – Non, mais j'ai prévu d'y ____________________ avec mon fils.
3. Je vais passer le week-end prochain à Paris avec Géraldine. Nous voulons ____________________ la tour Eiffel.
4. Comment faire pour parler parfaitement le portugais ? – Le mieux est de ____________________ un cours de portugais au Brésil.
5. Marine aime ____________________ les bars de la Place de la République à Paris. L'ambiance y est très animée et agréable.

39 Bild

Ein Bild sagt mehr als 1000 Worte. Aber welches ist wann das richtige Wort für „Bild“? Das finden Sie heraus, wenn Sie die Buchstaben in die richtige Reihenfolge bringen.

1. Les lulsrtitasoni ________________ des livres pour enfants sont souvent belles et très enrichissantes[1]. Elles stimulent l'imagination.
2. Le saviez-vous ? En 1911, la « Joconde » a disparu. Le voleur a caché le etabaul ________________ sous son lit pendant deux ans avant d'essayer de le revendre en Italie.
3. Excusez-moi, vous pouvez faire une hopot ________________ ? C'est toujours difficile d'avoir la famille au complet !
4. Je vais t'envoyer par mail tous les documents relatifs au projet, tu pourras te faire une deié ________________ de la difficulté du travail.
5. Tu as vu le dernier sdisne ________________ d'Anna ? Elle a fait des progrès formidables.
6. Narcisse voulait toujours contempler[2] son gemai ________________ dans l'eau.

[1] enrichissant = bereichernd [2] contempler = betrachten

40 bitte

Übersetzen Sie die folgenden Dialoge ..., bitte.

1. Vielen Dank! – Bitte, nichts zu danken!

____

2. Könnten Sie mir bitte helfen? – Ja, gerne.

____

3. Darf ich reinkommen? – Bitte!

____

4. Haben Sie einen Pass? – Hier, bitte.

____

41 brauchen

Sie suchen nach der richtigen Entsprechung für „brauchen"? Sie brauchen Sie nur auszuwählen!

1. Je vais voir le nouveau centre commercial. Tu (mets / as / as besoin de) quelque chose ?
2. À cause de la circulation en ville (j'ai eu besoin d' / j'ai mis / j'en ai eu pour) une heure pour aller au travail.
3. Pour le pique-nique, il (nous faut / a besoin / met) encore des fruits, des œufs, du pain, du fromage et du saucisson.
4. Si vous n'êtes pas content, vous (n'avez qu'à / avez besoin de / tardez à) le dire.
5. Quand vous partirez, il (suffira de / faudra / devra seulement) claquer la porte derrière vous, inutile de fermer à clef.

42 fahren

Ergänzen Sie die passende Entsprechung für „fahren" in der richtigen Form.

1. Quel magnifique voyage ! Nous sommes a __ __ __ __ du Cap Fréhel en Bretagne au Cap d'Agde sur la côte d'Azur en passant par l'Aquitaine avant de remonter vers le Nord. Un vrai tour de France.
2. Tu ne vois pas que le feu est rouge ? Mais qui t'as appris à c __ __ __ __ __ __ __ ?!
3. Je ne me sens pas bien, je préfère rentrer à la maison. Tu pourrais m'e __ __ __ __ __ __ en voiture s'il te plaît ?
4. Heureusement qu'aucun contrôleur n'est venu ! Nous avons v __ __ __ __ __ en première classe avec un billet de seconde classe !
5. Cette fois, pour aller à Paris nous ne sommes pas p __ __ __ __ __ par Orléans.

43 falsch

Ergänzen Sie die richtige Entsprechung für „falsch" – *faux / fausse* oder *mauvais / mauvaise* – in der richtigen Form.

1. Je vous prie d'excuser mon retard mais nous avons pris la ________________ route.
2. Attention aux informations que vous lisez sur Internet. Certaines sont totalement ________________.
3. Zut alors, je ne peux pas ouvrir la porte, c'est sûrement la ________________ clef.
4. Suite au scandale des pots de vin[1], il a été accusé de ________________ témoignage[2].
5. Lors du contrôle d'identité à l'aéroport, les policiers ont reconnu ses ________________ papiers.

[1] pot *m* de vin = Schmiergeld [2] témoignage *m* = Aussage

44 Freund(in)

Ergänzen Sie die Sätze mit der richtigen Entsprechung für „Freund(in)". Gleichen Sie die Substantive an, wenn nötig.

copain • ami • pote • petit ami

1. ◆ Tu as des nouvelles de tes ________________ de Paris ?
   ● Non, pas beaucoup.
2. ◆ Comment as-tu rencontré ton ________________ ?
   ● Dans la rue ! Il m'a demandé l'heure et je suis immédiatement tombée sous son charme. Le coup de foudre[1] quoi.
3. Alors comment s'est passée la rentrée[2] ? Tu t'es déjà fait de nouveaux ________________ ?
4. Salut les ________________, j'ai apporté des bouteilles de bière pour boire pendant le match de foot.

[1] coup *m* de foudre = Liebe auf den ersten Blick [2] rentrée *f* = Schulbeginn

45 Gefühl

Haben Sie Sprachgefühl? Dann können Sie bestimmt die Buchstaben in die richtige Reihenfolge bringen und so die Sätze mit „Gefühl" ergänzen.

1. Malheureusement, si je suis honnête[1], notre relation n'a plus beaucoup de sens. Je n'éprouve[2] plus aucun tientsnem ________________ pour toi.
2. Quel batteur fantastique ! Il a un ness ________________ du rythme absolument incroyable !
3. C'est bientôt l'examen oral, il a peur car il ne sait pas bien contrôler ses nésomoit ________________.
4. Elle n'est pas encore rentrée ? J'ai un mauvais nimssttneéper ________________, j'ai peur qu'il lui soit arrivée quelque chose.
5. Tu n'as pas aussi l'miesonpsir ________________ qu'un nuage nous poursuit ?

[1] honnête = ehrlich
[2] éprouver = empfinden

46 gehen

Ergänzen Sie die Sätze mit der richtigen Entsprechung für „gehen".
Eine kleine Auswahl von möglichen Verben finden Sie im Kasten.

partir • aller • marcher • s'en aller • durer • fonctionner

1. Ma montre ne ________________ plus. Il faut sûrement encore changer les piles.
2. Quand est-il ________________ hier soir ? – À 23 h 00.
3. Comment ça ________________ aujourd'hui ? – Mieux, merci, je n'ai plus mal à la tête.
4. Le film ________________ encore une heure.
5. Je suis fatiguée, j'espère que nos invités vont bientôt tous ________________ !
6. On ________________ ou on prend le bus ?

47 gehören

Übersetzen Sie!

1. Wem gehört dieses Buch?

____

2. Marc legt beim Essen immer die Ellenbogen[1] auf den Tisch. Das gehört sich nicht!

____

3. Er gehört zur Familie.

____

4. Es gehören immer zwei zum Tandem fahren.

____

5. Du gehörst ins Bett.

____

[1] Ellenbogen = coudes *mpl*

48 gleich

Pareil, égal, même... alles gleich? Sicher nicht. Ergänzen Sie mit der richtigen Form.

1. Les femmes et les hommes ont-ils vraiment les ________________ chances de réussite aujourd'hui ?
2. Tu ne vois pas que le feu est rouge ? Vert et rouge, ce n'est quand même pas ________________ !
3. Après tout, fais ce que tu veux, ça m'est bien ________________.
4. Un mètre est ________________ à 100 cm.
5. Je reconnais cette voiture, j'ai la ________________.

49 Glück

Mit ein bisschen Glück finden Sie die korrekte Ergänzung für jeden Satz. Kreisen Sie sie ein und gleichen Sie das Wort an.

1. Il n'a pas eu de (bonheur / chance), il a perdu tout son argent en jouant au casino.
2. Tout est très réussi dans ce film : acteurs, scénario, dialogues ... C'est un moment de pur (bonheur / chance) comme on dit.
3. Quelle organisation ! C'est le chaos complet ! Tout est fait au / à la petit/e (bonheur / chance).
4. Malgré son parcours brillant, il n'a pas beaucoup de (bonheur / chance) d'avoir ce poste.
5. Alors ça y est, tu vas pouvoir étudier à Paris ? Toutes mes félicitations et bon/ne (bonheur / chance) pour ta recherche d'une chambre.

50 groß

Vervollständigen Sie das Kreuzworträtsel mit den passenden Entsprechungen für das Wort „groß".

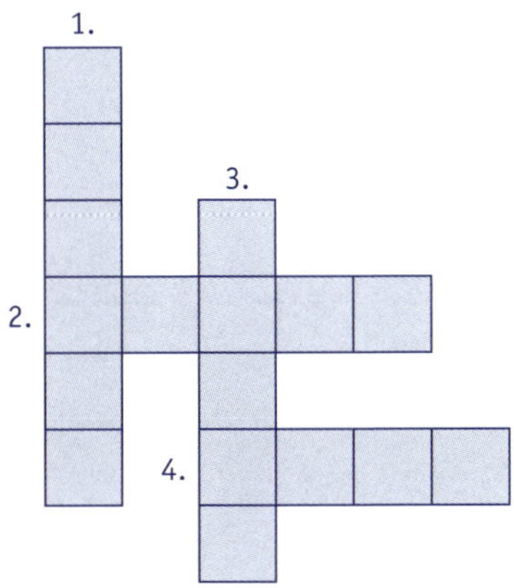

Senkrecht:

1. La beauté n'est jamais de ________________ durée.
3. La motivation explique pour une ________________ part ses importants progrès.

Waagerecht:

2. Elle a eu peur quand un ________________ chien est entré dans la maison.
4. Je suis d'accord avec lui en ________________, mais pas sur tous les points.

51 gut

Übersetzen Sie. Manchmal lässt sich „gut" unterschiedlich wiedergeben.

1. Gute Arbeit, Jungs !

   ____

2. Wenn das Wetter gut ist, können wir uns nach draußen setzen[1].

   ____

3. Wow, Anna, du bist wirklich gut!

   ____

4. Alles in allem ist er ein guter Junge.

   ____

[1] s'asseoir = sich setzen

52 Haar

Ergänzen Sie die Sätze mit *cheveu, chevelure* oder *poil* in der richtigen Form.

1. Quelle belle mode, celle des années 70 : vêtements colorés et ________________ longs !
2. Pour sa soirée déguisée, il s'est teint les ________________ de la barbe en bleu.
3. Elle a une ________________ abondante et indisciplinée.
4. Cette histoire n'est pas très crédible, c'est un peu trop tiré par les ________________.
5. Quelle malchance, j'ai manqué mon train d'un ________________.
6. Mon mari est allergique au ________________ de chat.

53 hängen

Ergänzen Sie die passende Entsprechung für das Wort „hängen", indem Sie die Buchstaben in die richtige Reihenfolge bringen.

1. Une photo de famille est cérchocae ________________ au mur, au-dessus du piano.
2. La lampe, qui est desupsenu ________________ au plafond, ne me plaît pas !
3. C'est désagréable, cette odeur de cigarette qui ttleof ____________ encore dans l'atmosphère !
4. Les cheveux lui bettomn ________________ dans la figure. Mais comment peut-il encore voir quelque chose ?
5. Comme hypnotisé, il iafitx ________________ son regard sur la danseuse qui virevoltait[1].
6. Il ettin ________________ beaucoup à sa collection de timbres. Il l'a complétée année après année avec passion.

[1] virevolter = umherwirbeln

54 Jahr

Ergänzen Sie die Sätze mit der richtigen Entsprechung für das Wort „Jahr" (*an* oder *année*) in der korrekten Form. In welchem Satz sind *an* und *année* beide möglich?

1. La fin du monde prévue en l'______________ 2000 n'a pas eu lieu. Heureusement !
2. Elle a vécu deux ______________ en France.
3. Leo a quatre ______________ déjà. C'est incroyable comme le temps passe vite.
4. Le bikini est apparu dans les ______________ soixante.
5. En France, on peut souhaiter le/la bon/bonne ______________ pendant tout le mois de janvier.
6. Qu'est-ce que tu as fait pour le/la Nouvel/Nouvelle ______________ ?

55 Karte

Setzen Sie die passende Entsprechung für „Karte" im Singular oder im Plural ein.

billet • carton • faire-part • carte (5x) • ticket • place

1. Regarde, le contrôleur arrive. Où sont les ________________ ?
2. Enchanté de faire connaissance avec vous. Je vous laisse ma ________________ de visite au cas où vous auriez des questions.
3. Vous avez encore des ________________ pour le concert de demain ?
4. Merci pour ta ________________ postale de Marrakech.
5. Pour l'exposition Velasquez au Grand Palais, vous pouvez réserver votre e-________________ ou opter pour la ________________ Sésame. Celle-ci vous évitera de faire la queue pendant des heures devant le musée. Vous paierez par ________________ de crédit.
6. Au foot, on ne peut pas toucher le ballon avec la main. Sinon c'est ________________ rouge.
7. Alors on a pensé à tout pour notre mariage ? Les papiers, la réservation de la salle, les alliances, le traiteur... Hum, on n'a pas encore envoyé les ________________ à nos invités !
8. J'ai commandé tout ce qu'il y avait sur la ________________ !

! In Frankreich besteht eine Mahlzeit üblicherweise aus verschiedenen Gängen, die im Restaurant als *menus* (*entrée* + *plat principal*, *plat principal* + *dessert* oder für die ganz Hungrigen alle drei Gänge) kombiniert werden. Dafür ist dann auch jeder Gang nicht so üppig wie eine Hauptspeise in Deutschland. Aber wenn Sie wirklich sehr hungrig sind, dann können Sie *naturellement* alles *à la carte* bestellen.

56 kochen

Übersetzen Sie anhand folgender Verben.

faire bouillir • cuire • faire à manger • bouillir (2x)
préparer • faire la cuisine

1. Kochen Sie gerne?

___

2. Was soll ich uns kochen?

___

3. Oder hast du schon das Essen gekocht?

___

4. Um Nudeln zu kochen, muss man erst mal Wasser kochen.

___

5. Das Teewasser kocht.

___

6. Nach dem heftigen Streit mit seinem Bruder kocht er noch vor Wut.

___

57 können

Können Sie die Satzteile in die richtige Reihenfolge bringen? Ergänzen Sie die korrekte Form von *savoir* oder *pouvoir* im Indikativ Präsens.

1. jouer / Vous / piano / du

___?

2. pas / j'ai / payer, / Je / ma / Visa / oublié / carte / ne

___.

3. exercice / faire / cet / Tu

___?

4. aller / nous / pas / nous / ne / cinéma, / Demain, / baby-sitter / notre / au / est / malade

___.

58 lassen

Bringen Sie die Buchstaben in die richtige Reihenfolge und ergänzen Sie so die Sätze.

1. Va te ifrae ________________ couper les cheveux chez le coiffeur, ils sont vraiment beaucoup trop longs !
2. Ils ont vécu dix ans ensemble, puis ils se sont mariés et un an après ils ont décidé de croivder ________________. Je ne peux pas me l'expliquer !
3. zernPe ________________ votre temps pour finir de manger, le film commence seulement dans une demi-heure.
4. Tu n'es pas venu en voiture ? – Non, elle n'a pas pu démarrer. Je l'ai eaislsé ________________ au garage et j'ai pris le bus.
5. nDozen ________________-nous de vos nouvelles quand vous serez en Italie !
6. Pourquoi vous ne me aslzesi ________________ pas m'occuper des travaux de la piscine ? Vous ne me faites pas confiance ?

59 laufen

Setzen Sie die passende Entsprechung für „laufen" in der richtigen Form ein.

passer • couler • se passer • marcher • courir
fonctionner • aller

1. Elle a commencé à ________________ très tôt : à neuf mois.
2. T'as pas un mouchoir ? Mon nez ________________ !
3. Cet ordinateur ne veut pas ________________. On le porte à réparer ?
4. Comment ________________ ton entretien hier ?
5. Rien ne sert de ________________ : il faut partir à point.
6. Tu ________________ où ? – Chercher un paquet de cigarettes.
7. Où ________________ le dernier film de François Ozon ? – Au cinéma Pasquier, place de Clichy.

60 leicht

Übersetzen ist gar nicht so leicht. Aber Sie schaffen das – zum Beispiel bei diesen Sätzen.

1. Abends nehme ich nur eine leichte Mahlzeit zu mir.

   ____

2. Diese Aufgabe ist gar nicht leicht!

   ____

3. Willst du für heute Abend nicht einen leichten Pulli mitnehmen?

   ____

4. Morgen wird es den ganzen Tag leichten Regen geben.

   ____

61 lernen

Ergänzen Sie die passenden Entsprechungen für das Verb „lernen", indem Sie die Buchstaben in die richtige Reihenfolge bringen.

1. Ta sœur atif ______________ de l'allemand à l'école ?
2. Désolée, je ne peux pas sortir ce soir, je dois absolument tiréude ______________, les examens approchent.
3. Mais quand vas-tu arepdrenp ______________ à repasser[1] tes chemises ?
4. Lino a seulement 4 ans, mais il a déjà parsip ______________ à lire, à écrire et à compter !

[1] repasser = bügeln

62 machen

Im Deutschen wird so einiges „gemacht". Das Französische ist da präziser und hat für jede „Machart" ein anderes Verb. Finden Sie die richtigen Verben für diese Sätze?

prendre • marquer • faire • passer • rendre • réaliser

1. Laissez-moi ________________ cela, je m'y connais.
2. Quand as-tu ________________ ton bac ?
3. L'équipe adverse[1] vient de ________________un point.
4. Cette histoire me ________________ complètement fou !
5. Quel chiffre d'affaires a-t-il ________________ cette année ?
6. Quand ________________-vous vos vacances cette année ?

[1] équipe *f* adverse = Gegenmannschaft

63 Nachricht

Hinterlassen Sie bitte eine „Nachricht", die passende natürlich!

1. Vous êtes bien sur le répondeur de la famille Lesieur. Veuillez laisser ________________ après le bip sonore.
   (une nouvelle / un message / une information)
2. C'est ________________ ! Félicitations !
   (une excellente nouvelle / un excellent message / une excellente information)
3. J'ai envoyé ________________ à Violaine pour lui proposer une sortie théâtre mais elle ne m'a pas encore répondu.
   (une nouvelle / un message / une information)
4. ________________ a fait la une de tous les journaux.
   (Cette nouvelle / Ce message / Cette information)
5. Les ________________ que l'on trouve sur Internet ne sont pas toujours vraies.
   (nouvelles / messages / informations)

64 passen

Ergänzen Sie die Sätze mit dem passenden Verb aus dem Kasten in der richtigen Form.

aller • plaire • rentrer • convenir • être • ignorer

1. Donc rendez-vous mardi prochain à 14 h, ça vous ________________ ?
2. Et alors cette paire de chaussure, elle ________________ à la bonne pointure tu crois ?
3. Quel est le sommet le plus haut de France ? – Désolée, mais je l'________________.
4. Qu'est-ce que tu fais en août ? Si on passait des vacances ensemble, cela te ________________ ?
5. Mais pourquoi se sont-ils mariés ? Ils ne ________________ vraiment pas bien ensemble.
6. Manifestement, tout ne va pas ________________ dans ma valise !

65 schwer

Ergänzen Sie jeweils die passende Entsprechung für „schwer".

1. J'aime le goût des concombres[1], mais c'est d __ __ __ __ __ __ __ __ à digérer.
2. Le nouveau gouvernement a une tâche a __ d __ __ : sortir le pays de la crise économique.
3. Désolée Madame, votre valise est trop l __ __ __ __ __ , vous devez payer un supplément.
4. Son entreprise a fait faillite[2] à cause d'une g __ __ __ __ erreur de gestion.
5. Travailler sur les chantiers, c'est très p __ __ __ __ __ __ .

[1] concombre *m* = Gurke
[2] faire faillite *f* = Konkurs machen

66 sehen

Ergänzen Sie die Verben *voir* bzw. *regarder* in der passenden Form.

1. Tu as ________________ le dernier film de François Ozon ?
2. Je te dérange ? – Non, non je suis seulement en train de ________________ la télé.
3. Je ne ________________ pas les choses comme toi.
4. Donc, de loin, vous ________________ un peu trouble ? Vous avez des lunettes depuis quand ?
5. ________________, on dirait Lucas là-bas ! – Ce n'est pas possible, il est à Lyon en ce moment.

67 stimmen

Wenn Sie die folgenden Verben für Ihre Übersetzung verwenden, stimmt hinterher hoffentlich alles.

être à l'heure • aller • voter • accorder • être vrai • être bon

1. Stimmt es, dass du uns bald verlassen wirst?

   ____

2. Diese Uhr stimmt nicht.

   ____

3. Stimmt so, danke!

   ____

4. Die meisten Leute haben gegen ihn gestimmt.

   ____

5. Mit ihr stimmt was nicht.

   ____

6. Wir müssen bald wieder unser Klavier stimmen lassen.

   ____

7. Dieses Ergebnis stimmt leider nicht.

   ____

68 Stück

Ergänzen Sie jeweils die passende Entsprechung für „Stück".

1. Il est délicieux ce gâteau au chocolat, j'en prendrais bien un autre m __ __ __ __ __ __ !
2. Elle coûte combien cette salade ? – C'est 95 cents p __ __ __ __ .
3. Tu n'as pas un b __ __ __ de papier pour écrire la liste de courses ?
4. Quelle p __ __ __ __ de théâtre allez-vous voir demain soir ?
5. As-tu relu la première p __ __ __ __ __ de mon texte ?
6. Tu pourrais rejouer ce m __ __ __ __ __ __ de musique ?

69 Tag

Kreisen Sie die richtige Entsprechung (*jour* oder *journée*) für das Wort „Tag" ein.

1. On est (quel jour / quelle journée) aujourd'hui ? – Mardi !
2. J'ai passé (tout le jour / toute la journée) devant l'ordinateur. J'ai vraiment besoin de bouger maintenant !
3. Le 21 juin est (le jour le plus long / la journée la plus longue) de l'année.
4. Ils ont été cambriolés en (plein jour / pleine journée) et personne n'a rien remarqué. C'est incroyable !
5. Vous aimez les (jours / journées) du patrimoine en septembre ? – Oui j'adore ! On peut aussi découvrir des lieux qui sont normalement fermés au public comme le Palais de l'Élysée.
6. Elle a disparu (du jour / de la journée) au lendemain sans laisser d'adresse.

! Und wenn Sie jetzt den Unterschied zwischen *jour* und *journée* verstanden haben, dann verstehen Sie sicher auch den Unterschied zwischen *soir* und *soirée*, oder?

70 treffen

Übersetzen Sie die folgenden Sätze und verwenden Sie dabei diese Verben:

rencontrer • prendre • se retrouver • tomber • se revoir • toucher

1. Wir treffen uns nach der Siesta am Strand!

   ____

2. Es trifft sich gut!

   ____

3. Gestern traf ich zufällig meinen alten Französischlehrer.

   ____

4. Wann treffen wir uns das nächste Mal?

   ____

5. Der Tod von so vielen Flüchtlingen trifft mich zutiefst.

   ____

6. Spanien? Italien? Hast du endlich eine Entscheidung getroffen?

   ____

71 üben

Und jetzt üben Sie den richtigen Gebrauch von „üben".

1. On va jouer au ballon ? Je ne peux pas, je dois encore (exercer / travailler / entraîner) mon violon.
2. Si vous voulez gagner contre l'équipe adverse, il va falloir (s'exercer / s'entraîner / pratiquer) pendant des heures.
3. Il doit encore beaucoup (exercer / entraîner / pratiquer) son français, s'il veut suivre des études en France.
4. Bientôt l'examen du permis de conduire ! Aïe, je dois encore absolument (m'exercer / travailler / pratiquer) à me garer.

72 während

Unterstreichen Sie jeweils die richtige Entsprechung für das Wort „während".

1. Hier, un camarade de classe s'est littéralement[1] endormi (pendant / pendant que) le cours de géographie.
2. Tous les matins j'écoute les informations à la radio (pendant / pendant que) les enfants prennent leur petit-déjeuner.
3. Beaucoup d'employés consultent leur boîte-mail professionnelle (pendant / pendant que) le week-end.
4. Certains étudiants écrivent un résumé (pendant / pendant que) les autres réfléchissent à un petit dialogue.

[1] littéralement = in wahrsten Sinne

73 wenn

Ergänzen Sie mit *quand* oder *si*.

1. On pourrait aller prendre un pot[1] ensemble ____________ tu veux.
2. ____________ j'aurai fini mon travail, je t'appelle.
3. Ah, ____________seulement je l'avais su plus tôt !
4. ____________ tu ne me trouves pas au bureau, tu peux laisser un message à la secrétaire.
5. J'adore mon travail, surtout ____________ c'est moi le chef.

[1] prendre un pot = etwas trinken gehen

74 werden

Ergänzen Sie die passende Entsprechung für das Verb „werden".

faire • réussir • devenir • être • tourner • tomber

1. Qu'est-ce qu'il est ____________ Nicolas ? – Après ses études, il a trouvé un emploi dans une grande banque et aujourd'hui, il est très riche !
2. Il y avait beaucoup d'absents aujourd'hui à l'école. Presque tous les enfants sont ____________ malades.
3. Qu'est-ce que tu veux ____________ plus tard ?
4. C'____________ bientôt le printemps.
5. Son amant est tellement jaloux que leur histoire d'amour ____________ au cauchemar.
6. Les photos des vacances sont vraiment ____________ !

75 Zimmer

Wählen Sie in jedem Satz die richtige Entsprechung für „Zimmer".

1. Un F3 se compose de trois (pièces / chambres), une cuisine et une (chambre / salle) de bains.
2. Désolé, toutes nos (pièces / chambres) sont occupées, nous sommes complets. À cette période de l'année, il ne vous reste plus que le camping !
3. Patientez quelques instants dans la (pièce / salle) d'attente, le médecin arrive tout de suite.
4. Où est la (pièce / salle) 2543, je cherche le cours de français ? – Au deuxième étage, en face du secrétariat.
5. M. Chambre ? Il travaille au septième étage, (bureau / salle) 7895.

76 (zu)hören

Ergänzen Sie die Verben *écouter* bzw. *entendre* in der passenden Form.

1. ◆ Je te dérange ?
   ● Non, non je suis seulement en train d'_______________ un peu de musique.
2. ◆ Regarde, c'est notre nouveau collègue du service informatique.
   ● Oui, oui, j'ai déjà beaucoup _______________ parler de lui.
3. Quand on n'_______________ pas les conseils, on apprend à ses dépens[1].
4. ◆ Allo, chéri ? Tu es en ligne[2] ? Je ne t'_______________ pas bien.
   ● Oui, je suis là, je t'_______________, dis-moi.
   ◆ Eh bien, je voulais seulement te prévenir[3] qu'il est temps d'acheter une nouvelle voiture !

[1] à ses dépens *mpl* = auf eigene Kosten
[2] être en ligne = am Apparat sein
[3] prévenir = benachrichtigen, warnen

! Merken Sie sich auch die Formen *Écoute !* (Hör mal!) und *Écoutez-moi !* (Hören Sie mal!).

4. Wendungen

4.1 Gute Nachbarn
Wörter, die zusammenpassen

4.2 So viele Bilder im Kopf
Bildliche Redewendungen

4.3 Wie sagt man nochmal ...?
Wo Franzosen anders ticken

4.1 Gute Nachbarn

Wörter, die zusammenpassen

Haben Sie schon einmal davon gehört, dass man „eine Entscheidung nimmt"? Richtig: Haben Sie nicht! Und warum nicht? Weil diese zwei Wörter nicht zusammenpassen – Sprachwissenschaftler sagen, sie bilden keine „Kollokation". Wir sagen: Man muss darauf achten, welche französischen Wörter untereinander eine gute Nachbarschaft pflegen!

77 Vie quotidienne

Im Kasten sind – waagerecht, senkrecht und diagonal – fünf Verben versteckt. Finden Sie sie und ergänzen Sie damit die Wendungen.

A	P	R	E	P	R	E	N	D	R	E
F	F	S	M	P	L	T	S	O	Z	S
E	A	O	O	A	P	F	A	I	S	M
N	I	R	E	R	G	A	P	M	M	E
P	R	U	C	N	T	E	L	O	S	T
A	E	G	H	A	L	I	B	B	I	T
Q	I	U	N	E	S	C	R	O	A	R
Z	R	E	G	A	R	D	E	R	N	E

1. duschen ______________________ une douche
2. einen Kaffee kochen ______________________ un café
3. den Tisch decken ______________________ la table
4. fernsehen ______________________ la télévision
5. aus dem Haus gehen ______________________ de la maison

78 Bon à tout faire !

Was muss Fabrice im Haushalt so alles machen? Ergänzen Sie die passenden Wörter und tragen Sie die Ausdrücke mit dem Verb *faire* in den Text ein. Wie lauten ihre deutschen Entsprechungen?

vaisselle • cuisine • ménage • lessive • poussière • beau rêve
courses • repassage • lits • carreaux

Le samedi, c'est la course. Les enfants sont là mais il faut quand même faire le ______________ (1.). Pour être un peu tranquille, Fabrice envoie sa femme et les enfants faire les ______________ (2.) au supermarché. Pendant ce temps, il commence à faire la ______________ (3.) qui s'accumule[1] dans l'évier[2]. Puis il va faire les ______________ (4.) dans les chambres. Et voilà encore des draps à laver ! En plus des vêtements des petits, il y a toujours beaucoup de linge. En général, Fabrice fait une ______________ (5.) par jour. Ensuite il commence à faire la ______________ (6.) avec un chiffon humide[3] et passe l'aspirateur. Mais les enfants et sa femme sont déjà revenus. Maintenant il faut ranger les courses et faire la ______________ (7.) pour le repas de midi. Après le repas, Fabrice paresse[4] un peu au soleil avant de faire les ______________ (8.). Quand le temps est beau on voit toutes les traces sur les vitres ! Un peu plus tard dans l'après-midi, il fait une excursion au zoo avec la famille. Et le soir il doit encore faire le ______________ (9.) devant la télé avant de tomber, mort de fatigue, dans son lit. Alors il fait un ______________ (10.) : embaucher une femme de ménage et partir seul une semaine faire de la randonnée à la Réunion.

[1] s'accumuler = sich anhäufen
[2] évier *m* = Spüle
[3] chiffon *m* humide = feuchtes Tuch
[4] paresser = faulenzen

1. ______________ 2. ______________
3. ______________ 4. ______________
5. ______________ 6. ______________
7. ______________ 8. ______________
9. ______________ 10. ______________

79 Toujours quelque chose à faire

Ergänzen Sie die folgenden Ausdrücke. Was bedeuten sie?

tirer • prendre • mettre • sortir • promener

1. ______________ *rendez-vous chez le dentiste*
2. ______________ *le chien*
3. ______________ *les poubelles*
4. ______________ *de l'argent*
5. ______________ *de l'ordre dans les papiers*

80 Tu ne vas pas bien ?

Ergänzen Sie die französischen Entsprechungen der folgenden Wendungen.

1. Ich bin erkältet.	Je me ______________ enrhumé(e).
2. Ich habe mir eine Grippe eingefangen.	J'______________ la grippe.
3. Mir ist warm.	J'______________ chaud.
4. Mir ist kalt.	J'______________ froid.
5. Mir ist schwindelig.	La tête *me tourne*.

81 L'un ne va pas sans l'autre

Ergänzen Sie die französischen Entsprechungen der folgenden Ausdrücke und vervollständigen Sie das Kreuzworträtsel.

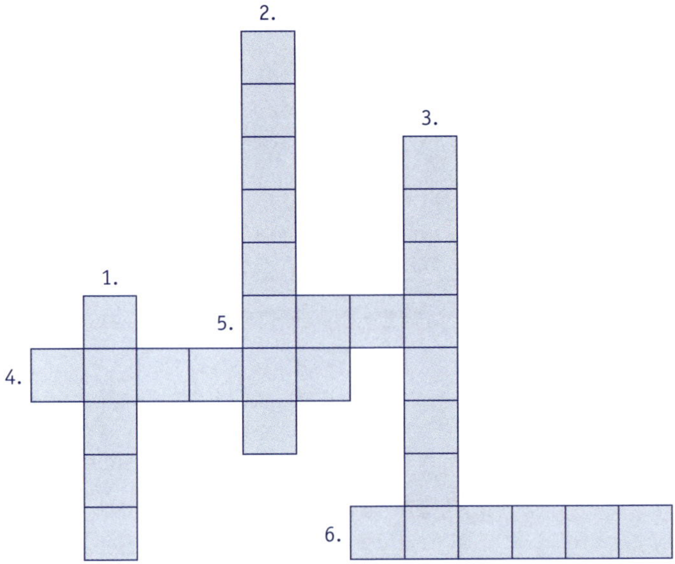

Waagerecht:

4. sich verabreden — se ______________ rendez-vous
5. sich duzen — se ______________ tu
6. sich einigen — se ______________ d'accord

Senkrecht:

1. Freundschaft schließen — ______________ une amitié
2. jmd. sein Vertrauen schenken — ______________ sa confiance à qn
3. sich mit jmd. gut verstehen — bien s'______________ avec qn

> **!** Die gleiche Bedeutung wie *se mettre d'accord* hat *tomber d'accord.*

82 Il n'y a rien à discuter

Wählen Sie nur die sieben Wörter aus, die Sie brauchen, um die folgenden Ausdrücke zu ergänzen.

parole • parler • opinion • discussion • fois • recevoir
question • sens • faire (2x) • bien/mal • prendre • idée

1.	keine Ahnung haben	ne pas avoir la moindre ______________
2.	nicht infrage kommen	être hors de ______________
3.	keinen Sinn machen	ne pas avoir de ______________
4.	jmd. zu verstehen geben	______________ comprendre à qn
5.	richtig/falsch verstehen	______________ comprendre
6.	zu hören bekommen	se ______________ disputer
7.	eine Entscheidung treffen	______________une décision

83 Téléphone !

In der Telefonschnur sind fünf Wörter versteckt, mit denen Sie die Wendungen ergänzen können.

cordelignesappelerrépondresuitetrompertroisfoiscoupsesuivrefairecomposer

1.	ans Telefon gehen	____________ au téléphone
2.	jmd. kurz anrufen	passer un ____________ de fil à qn
3.	am Apparat bleiben	rester en ____________
4.	die Telefonnummer wählen	____________ le numéro de téléphone
5.	sich verwählen	se ____________ de numéro

! *Ne quittez pas !* heißt „Bitte bleiben Sie am Apparat!".

84 À l'école

Stellen Sie die Wörter so zusammen, dass sich die richtigen französischen Entsprechungen zu den unten stehenden Ausdrücken ergeben.

faire • des • dictée • passer • un • poser • prendre • une
par cœur • question • une • examen • se • notes • apprendre

1. eine Frage stellen ______________________
2. eine Prüfung schreiben ______________________
3. sich Notizen machen ______________________
4. auswendig lernen ______________________
5. ein Diktat schreiben ______________________

85 Au travail

Vervollständigen Sie die kursiv gedruckten Wendungen mit den passenden Substantiven. Wie heißen ihre deutschen Entsprechungen?

grève • équipe • candidature • arrêt-maladie

1. Voici quelques annonces pour lesquelles vous pouvez *poser votre* ______________. Bonne chance !
2. Aujourd'hui il vaut mieux prendre le vélo ou la voiture, les employés de la RATP[1] *font la* ______________.
3. Votre magasin est ouvert toute la journée ? – Oui, mais on *travaille en* ______________ : moi je suis là seulement le matin et mon mari l'après-midi.
4. Cette semaine je suis encore obligé de faire des heures supplémentaires[2], ma collègue *est* encore *en* ______________.

[1] RATP = Régie autonome des transports parisiens (öffentlicher Nahverkehr von Paris)
[2] faire des heures *fpl* supplémentaires = Überstunden machen

86 Toute une vie

Wie sagt man's richtig? Kreuzen Sie das richtige Wort an und ergänzen Sie die folgenden Wendungen.

1. die erste Klasse besuchen
   - visiter le CP
   - être en CP
   - rester au CP
2. bei den Eltern wohnen
   - dormir chez ses parents
   - rester chez ses parents
   - habiter chez ses parents
3. den Führerschein machen
   - passer le permis de conduire
   - prendre le permis de conduire
   - acheter le permis de conduire
4. einen Studienabschluss machen
   - passer un diplôme
   - recevoir un diplôme
   - obtenir un diplôme
5. heiraten
   - prendre pour époux/épouse
   - marier
   - se pacser
6. eine Familie gründen
   - former une famille
   - fonder une famille
   - trouver une famille
7. Kinder bekommen
   - recevoir des enfants
   - prendre des enfants
   - avoir des enfants

> **!** Das Verb *se pacser* leitet sich ab von *pacte civil de solidarité (Pacs)*, einer zivilrechtlichen Partnerschaft (von Personen unterschiedlichen oder gleichen Geschlechts) mit gemeinsamer steuerlicher Veranlagung und steuerbegünstigten erbrechtlichen Bestimmungen.

87 Bonnes vacances !

Vervollständigen Sie die kursiv gedruckten Wendungen mit den passenden Wörtern. Wie heißen ihre deutschen Entsprechungen?

la queue • le plein • les valises • route • le check-in

- ◆ Tout est prêt pour les vacances à Montréal, t'es sûre Maman ?
- ● Ben oui, j'ai acheté les billets d'avion et j'ai même déjà *fait* _______________ (1.) sur Internet, comme ça pas besoin de *faire* _______________ (2.) à l'aéroport.
- ◆ Tant mieux !
- ● Ce matin, j'ai aussi *fait* _______________ (3.) et j'ai acheté un GPS, comme ça on ne va pas *se tromper de* _______________ (4.) en allant à l'aéroport.
- ◆ Parfait! Et moi j'ai *fait* _______________ (5.). Il ne reste plus qu'à les mettre dans la voiture et on part !

[1] GPS *m* = Navigationsgerät

88 Seulement si tu as le temps

Marion hat Julien eine Nachricht hinterlassen. Lesen Sie den gesprochenen Text. Was bedeuten die unten angegebenen Ausdrücke?

Salut
Julien, c'est Marion. Je voulais te laisser un message rapidement parce que *je suis* un peu *pressée* (1.). Ce soir je dois absolument prendre le train pour Toulouse à 18 h. Je pars chez mon oncle et ma tante et *il me tarde* (2.) tant de les revoir ! Le problème c'est que je ne peux pas quitter le bureau avant 17 h 30 alors je ne sais pas si *je serai* là *à temps* (3.) pour le train… Pourrais-tu m'emmener en voiture ? Le train n'*est* pas toujours *à l'heure* (4.) et avec ton aide, je peux réussir à l'avoir. Seulement, il faudra quand même *se dépêcher* (5.) et je n'ai pas le temps de m'arrêter pour boire quelque chose. Ce sera pour une autre fois ! Oh là là, il *se fait tard* (6.), *il est temps de* (7.) retourner au travail. Tu sais, mon chef se met en colère quand *je suis en retard* (8.). Dis-moi donc si ça marche ! Ah, bien sûr seulement si tu as le temps !

1. être pressé ____________
2. il me tarde de ____________
3. être à temps ____________
4. être à l'heure ____________
5. se dépêcher ____________
6. se faire tard ____________
7. être temps de faire qc ____________
8. être en retard ____________

> **!** Wenn Sie Zeit (und Lust) haben, können Sie noch weitere Übungen zum Thema „Zeit" machen: 102, 103 und … 89 auf der nächsten Seite.

89 Chaque chose en son temps

Ordnen Sie zu.

1. in jüngster Zeit
2. in letzter Zeit
3. in nächster Zeit
4. vor langer Zeit
5. zu meiner Zeit
6. im Laufe der Zeit
7. zu jeder Zeit
8. die ganze Zeit
9. zur rechten Zeit
10. um diese Zeit

a. ces derniers temps
b. de mon temps
c. au cours du temps
d. tout le temps
e. en temps voulu
f. dernièrement
g. à cette heure-ci
h. prochainement
i. à n'importe quel moment
j. il y a longtemps

1.	2.	3.	4.	5.	6.	7.	8.	9.	10.
f									

90 Mais qu'est-ce que tu fais ?

Stellen Sie die Silben so zusammen, dass sich die passenden Ergänzungen für die unten stehenden Ausdrücke ergeben.

im • ci • tê • im • at • ci • pres • né • ma • ten
sion • bé • le • tion • te

1. ein Theater machen	faire tout un ________________
2. schmollen	faire la ________________
3. einen guten Eindruck machen	faire bonne ________________
4. sich blöd benehmen	faire l'________________
5. auf etw. aufpassen	faire ________________ à qc

91 Décomposer[1]

Was im Deutschen durch ein zusammengesetztes Wort ausgedrückt werden kann, braucht im Französischen oft mehrere Wörter. Finden Sie die französischen Entsprechungen.

1. Schlafzimmer	chambre …	○ à coucher ○ pour dormir ○ de repos
2. Hausarzt	médecin …	○ de famille ○ de la maison ○ scolaire
3. Tanzstunde	… de danse	○ école ○ leçon ○ cours
4. Kochbuch	livre …	○ de cuisine ○ pour faire la cuisine ○ pour cuisiner
5. Telefonbuch	… téléphonique	○ registre ○ annuaire ○ livre
6. Studentenwohnheim	… d'étudiants	○ maison ○ foyer ○ hôtel
7. Stadtplan	… de ville	○ plan ○ carte ○ dessin

[1] décomposer = zerlegen

! Zusammengesetzte Begriffe haben es in sich! Beachten Sie, dass die Reihenfolge der Wörter genau anders herum ist. *Un filtre à café* ist im Deutschen also kein Filterkaffee, sondern ein Kaffeefilter!

92 ... et recomposer[1]

Bilden Sie Wortpaare, damit sich die passenden Entsprechungen der folgenden Substantive ergeben.

carte · historique · terrain · grand · domestique · géographique · de jeu · animal · école · centre · magasin · auto

1. Landkarte ________________ ________________
2. Fahrschule ________________ ________________
3. Altstadt ________________ ________________
4. Haustier ________________ ________________
5. Kaufhaus ________________ ________________
6. Spielplatz ________________ ________________

[1] recomposer = wieder zusammensetzen

93 Tu m'as fait...

Ergänzen Sie die passenden Verben. Wie heißen die deutschen Entsprechungen der Zusammensetzungen aus *faire* + Infinitiv?

pleurer • rire • briller • réfléchir

1. Pendant son temps libre il fait le clown. Il se rend dans les hôpitaux et essaie de faire ________________ les enfants.
2. Cette chanson est très belle mais tellement triste ! Elle me fait ________________ à chaque fois que je l'écoute.
3. Maintenant je vais faire plus attention ! Cette mésaventure m'a fait ________________ !
4. N'oubliez pas vos lunettes de soleil pour les vacances au sport d'hiver ! Le soleil fait ________________ la neige, attention les yeux !

4.2 So viele Bilder im Kopf

Bildliche Redewendungen

Was haben Zwiebeln mit Bier gemeinsam? Auf den ersten Blick nicht viel, außer dass man beides ungefährlich essen und trinken kann. Auf den zweiten Blick: In einer Redewendung drücken beide das Gleiche aus, auch wenn die Franzosen eher ans Essen als ans Trinken denken … Augen auf: Auf solche Bildunterschiede kommt es nun an!

94 Le diable est dans le détail

Ergänzen Sie die Redewendungen. Die Bilder in beiden Sprachen unterscheiden sich nur im Detail.

plat • être • pompier • chien • couper • gant • oignons • mer

1. Was für ein Sauwetter!
   Quel temps de _______________ !
2. Das sitzt wie angegossen!
   Ça me va comme un _______________ !
3. ein Tropfen auf dem heißen Stein
   une goutte d'eau dans la _______________
4. Das ist nicht mein Bier!
   Ce ne sont pas mes _______________ !
5. rauchen wie ein Schlot
   fumer comme un _______________
6. ins Fettnäpfchen treten
   mettre les pieds dans le _______________
7. den Appetit verderben
   _______________ l'appétit
8. aus dem gleichen Holz geschnitzt sein
   _______________ du même bois

95 La cerise sur le gâteau

Diesmal sind die Bilder ganz unterschiedlich. Ordnen Sie zu.

1. das Tüpfelchen auf dem i
2. jmd. einen Bären aufbinden
3. zwei Fliegen mit einer Klappe schlagen
4. jmd. Steine in den Weg legen
5. jmd. auf den Wecker gehen
6. etwas an die große Glocke hängen
7. eine harte Nuss zu knacken geben

a. mener qn en bateau
b. faire d'une pierre deux coups
c. la cerise sur le gâteau
d. crier qc sur les toits
e. donner du fil à retordre[1]
f. mettre des bâtons[2] dans les roues à qn
g. casser les pieds

1.	2.	3.	4.	5.	6.	7.
c						

[1] retordre = verzwirnen
[2] bâton *m* = Stock

96 La vie en rose

Ergänzen Sie die passenden Farben und gleichen Sie an, wenn nötig. Wie lauten die entsprechenden Redewendungen im Deutschen?

bleu • rouge • noir • jaune • vert • gris

1. Mais tu divagues[1], tu es ___________ ou quoi ?
2. Beaucoup de sans-papiers[2] travaillent au ___________. Ils ont une peur _______________ d'être découverts et renvoyés dans leur pays.
3. Son jardin est magnifique, il a vraiment la main ___________.
4. Sa blague[3] n'est pas très drôle mais il rit quand même : il rit ___________.
5. Son compte est à découvert[4] : il est dans le ___________.

[1] divaguer = phantasieren, spinnen
[2] sans-papier *m* = illegaler Einwanderer
[3] blague *f, fam.* = Witz
[4] être à découvert = im Minus stehen

97 Entre la poire et le fromage[1]

Ergänzen Sie die Redewendungen.

sucre • carotte • pain • fromage • beurre

1. mit Zuckerbrot und Peitsche	avec la ___________ et le bâton[2]
2. nicht zählen	compter pour du ___________
3. jmd. durch den Kakao ziehen	casser du ___________ sur le dos de qn
4. viel zu tun haben	avoir du ___________ sur la planche[3]
5. etwas maßlos übertreiben	en faire tout un ___________

[1] entre la poire et le fromage = nebenbei
[2] bâton *m* = Stock
[3] planche *f* = Brett

98 Un froid de canard[1]

Ergänzen Sie die passenden Tiernamen. Wie lauten die entsprechenden Redewendungen im Deutschen?

puce[2] • cheval • éléphant • rat • lapin

1. Ma copine n'est pas venue, elle m'a posé un ______________.
2. Je ne sais pas s'il a une copine, mais la trousse de maquillage et le parfum dans la salle de bain m'ont mis la ______________ à l'oreille !
3. Qu'est-ce qu'elle est sévère ta mère ! – M'en parle pas, elle est beaucoup trop à ______________ sur les principes.
4. Attention si tu joues avec Anna au Mémory : elle n'a que quatre ans mais une mémoire d'______________!
5. Le fils du voisin n'arrête pas de lire, c'est un vrai ______________ de bibliothèque.

[1] froid de canard *m* = Eiseskälte (wörtlich: Entenkälte)
[2] puce *f* = Floh

! Übrigens: In Europa haben die Franzosen die meisten Haustiere. Und das beliebteste Tier ist … der Fisch, noch vor Hund und Katze. *À propos*, was bedeutet wohl *noyer le poisson*?

99 Être mauvaise langue

Ersetzen Sie die kursiv gedruckten Redewendungen durch die passenden Umschreibungen in der richtigen Form. Wie lauten die entsprechenden Redewendungen im Deutschen?

critiquer les personnes de son entourage • venir sans transition
avoir la gorge qui gratte • saliver • être une collègue très importante

1. Ça sent tellement bon dans la cuisine, j'en *ai* déjà *l'eau à la bouche*.
2. Il n'arrête pas de tousser, il *a un chat dans la gorge* !
3. Il faudrait rajouter quelques phrases dans ton texte, cette explication *arrive* vraiment *comme un cheveu sur la soupe*.
4. Pour le directeur, Sophie est plus qu'une simple secrétaire : *c'est son bras droit*.
5. Elle critique toujours les uns et les autres, elle *est mauvaise langue*.

100 Plein de coups...

Ordnen Sie den kursiv gesetzten Umschreibungen die passenden Redewendungen in der richtigen Verbform zu.

donner un coup de poing • donner un coup de peigne
avoir un bon coup de fourchette • C'est un coup dans l'eau.
~~passer un coup de fil~~ • donner un coup de main

1. Tu m'*appelles* ce soir, s'il te plaît ? *Tu me passes un coup de fil ...*
2. Il ne *s'est* même pas *coiffé* ce matin. ____
3. Vous pouvez m'*aider* ? ____
4. Mes enfants *ont bon appétit*. ____
5. Ça *n'a aucun effet*. ____
6. Il m'*a battu*. ____

4.3 Wie sagt man noch mal ...?

Wo Franzosen anders ticken

Wissen Sie, wo Franzosen überall Finger haben? Während die Deutschen nur an den Händen welche haben, haben Franzosen sogar Finger an den Füßen, so wie es ihr Name – *doigts de pieds* – schon andeutet. Um solche und andere sprachliche Unterschiede geht es hier.

101 Un ami allemand

Vervollständigen Sie den Dialog, indem Sie die Sätze übersetzen.

▲ Hans, voici mon fils Gabriel.

◆ Bonjour Gabriel. Je suis _ _ _ _ _ _ _ de faire ta _ _ _ _ _ _ _ _ _ _ _ _ !

Nett, dich kennenzulernen!

● _ _ _ _ _ _ _ , _ _ _ _ _ _ _ _ .

Guten Tag.

◆ Quel âge as-tu, Gabriel ?

● _' _ _ _ _ _ _ _ _ _ .

Ich bin acht.

◆ Et comment _ _ _ _ _ _ _ _ _ les vacances ?

Und wie sind die Ferien?

● Je m'amuse beaucoup, je me suis fait plein de nouveaux amis ! Mais d'où venez-vous ?

◆ _ _ _ _ _ _ _ _ _ _ _ _ _ _ _ _ . Pourquoi ?

Ich bin aus Deutschland. Warum?

● Bah, vous parlez très bien français !

> **!** Bei der Angabe der Herkunft wird *je suis de* nur mit Städtenamen benutzt: *Je suis de Marseille.* Das Land können Sie durch die Nationalität angeben oder Sie verwenden das Verb *venir*: *Je viens de France.*

102 Quelle heure est-il, madame Persil ?

Beantworten Sie die Fragen. Welche Uhrzeiten kann man auf verschiedene Weise ausdrücken?

1 09:10 2 11:15 3 12:30 4 13:00

5 15:30 6 16:45 7 18:50 8 00:00

Quelle heure est-il ?

1. ____________________
2. ____________________
3. ____________________
4. ____________________

À quelle heure... ?

5. ____________________
6. ____________________
7. ____________________
8. ____________________

! Umgangssprachlich werden die Stunden nur von 1 bis 11 gezählt. Die zwölfte Stunde ist dann entweder *midi* (Mittag) oder *minuit* (Mitternacht). Um mögliche Unklarheiten zu vermeiden, ist es wichtig, den genauen Zeitpunkt mit Ergänzungen wie *du matin*, *de l'après-midi* oder *du soir* zu präzisieren.

103 Le temps passe...

Wie die Zeit vergeht ... Auch beim Französisch-Üben! Aber für diese Übung haben Sie noch einen Moment, oder? Ergänzen Sie die folgenden Ausdrücke. Sie verlaufen chronologisch von links nach rechts.

1. _Ce_ matin → cet après-midi → ________ soir
2. ________ matin → ________ après-midi → _hier_ soir
3. ________ hier → hier → aujourd'hui → demain → ________ demain
4. ________ dix minutes → maintenant → ________ dix-minutes
5. Une demi-heure ________ deux heures → deux heures → une demi-heure ________ deux heures
6. la semaine ________ → cette semaine → la semaine ________

104 Mille questions...

In Deutschland und Frankreich stellt man nicht die gleichen Fragen – auch wenn man das Gleiche wissen möchte. Achten Sie auf die Details, wenn Sie nun die passenden Fragewörter ergänzen.

qu'est ce qu' • combien de temps • où • quelle (2x)
comment (2x) • qu'est-ce que

1. Woher wissen Sie das?	____________ le savez-vous ?
2. Wie meinst du das?	____________ tu veux dire ?
3. Wie ist Ihre Adresse?	____________ est votre adresse ?
4. Wie sieht's aus?	____________ il en est ?
5. Wie hoch ist der Mont Blanc?	____________ est la hauteur du Mont Blanc ?
6. Wohin gehst du?	____________ vas-tu ?
7. Wie heißt er?	____________ s'appelle-t-il ?
8. Wie lange dauert die Wanderung?	____________ dure la randonnée ?

105 Bureaucratie

Vervollständigen Sie den Dialog mithilfe der Übersetzungen.

- ● Depuis _ _ _ _ _ _ _ de *t* _ _ _ _ attendez-vous ?
  Wie lange warten Sie?
- ◆ Depuis très longtemps...
- ● Et _ _ _ _ _ _ _ _ _ _ _ _ _ êtes-vous déjà venue ici ?
  Und wie oft waren Sie schon hier?
- ◆ Très souvent. La première fois c'était _ _ 2010, _ _ 24 août 2010.
  Sehr oft. Das erste Mal war es 2010, am 24. August 2010.
- ● Mais finalement aujourd'hui nous pourrions enfin fermer le dossier[1] !
- ◆ Sérieusement ?
- ● Mais non, bien sûr que non. On est _ _ _ _ _ _ _ _ _ _ aujourd'hui ?
  Natürlich nicht. Der Wievielte ist heute?
- ◆ Aujourd'hui..., c'est le _ _ _ _ _ _ _ avril.
  Heute ... ist der erste April.
- ● Justement ! Malheureusement... je dois vous prier de revenir _ ' _ _ _ _ _ _ _ _ _ _ _ _ _ _ _.
  Eben! Leider ... muss ich Sie bitten, nächstes Jahr wieder zu kommen.

[1] dossier *m* = Fall, Akte

106 Au restaurant

Für alle Gourmets ganz wichtig: Nach dieser Übung können Sie sich im Restaurant prima verständigen. Ordnen Sie zu und vervollständigen Sie die Sätze.

1. Was möchten Sie trinken?
2. Schmeckt es Ihnen?
3. Es schmeckt sehr gut!
4. Zahlen, bitte!
5. Bitte bringen Sie uns die Speisekarte!
6. Wie wünschen Sie das Fleisch? Englisch, medium, durchgebraten?

a. Ça vous _ _ _ _ _ ?

b. L'_ _ _ _ _ _ _ _ _, s'il vous plaît !

c. Qu'est-ce que vous _ _ _ _ _ _ boire ?

d. Vous pouvez nous apporter la _ _ _ _ _, s'il vous plaît !

e. Quelle cuisson souhaitez-vous pour la viande ? _ _ _ _ _ _ _ _, à point, bien _ _ _ _ ?

f. C' _ _ _ très bon!

1.	2.	3.	4.	5.	6.

107 À table !

So reden echte Franzosen! Formulieren Sie Sätze nach dem Muster – stellen Sie dabei das Objekt an den Satzanfang und achten Sie auf das passende Objektpronomen.

1. on – prendre – l'aperitif – dans le jardin
   L'apéritif, on le prend dans le jardin.
2. je – préférer – la viande de bœuf – saignante
   ____
3. vous – ne pas vouloir – des frites ?
   ____
4. vous – prendre – le fromage ?
   ____
5. nous – manger – le dessert – un peu plus tard
   ____

108 C'est moi qui... !

Formulieren Sie Antworten auf folgende Fragen nach dem Muster. Gleichen Sie an, wo es nötig ist.

1. Qui a lavé la voiture ? (Papa)
   C'est Papa qui a lavé la voiture.
2. Qui a tondu[1] la pelouse ? (ton fils)
   ____
3. Qui a repassé la chemise ? (ta grand-mère)
   ____
4. Qui est allé faire les courses ? (Anna)
   ____
5. Qui a préparé le repas hier soir ? (tu)
   ____

[1] tondre la pelouse = *hier:* Rasen mähen

109 On dit

Übersetzen Sie die Sätze. Formulieren Sie sie im Aktiv und verwenden Sie das unpersönliche Pronomen *on*.

1. In unserem Viertel hat ein neues Restaurant aufgemacht.
   ____
2. Und man sagt, er sei treu[1] …
   ____
3. Ein neuer Planet wurde entdeckt.
   ____
4. Florent, du wirst am Telefon verlangt!
   ____
5. Wir treffen uns also morgen um 5 Uhr.
   ____

[1] fidèle = treu

110 Il y a...

Übersetzen Sie die folgenden Sätze. Wie wird *il y a* im Deutschen wiedergegeben?

1. Il y a une voiture devant notre entrée.
   ____
2. J'ai déménagé il y a un mois.
   ____
3. Excusez-moi, il y a une pharmacie près d'ici ?
   ____
4. Il n'y avait presque personne à la manifestation !
   ____
5. Il y a longtemps que je l'ai vu.
   ____

111 On y va !

Ordnen Sie die französischen Redewendungen ihren deutschen Entsprechungen zu.

1. Ça y est !
2. On y va !
3. Vas-y, commence !
4. Je ne m'y attendais pas !
5. Qu'est-ce que tu veux que j'y fasse ?
6. Il n'y tient pas vraiment.
7. Je n'y comprends rien !
8. Vous n'y êtes pas du tout !

a. Na los, fang an!
b. Es ist ihm nicht wirklich wichtig.
c. Was soll ich machen?
d. Da liegen Sie völlig falsch!
e. Das hätten wir!
f. Davon verstehe ich nichts.
g. Ich war nicht darauf gefasst.
h. Auf geht's!

112 J'en ai marre !

Was sagen Sie in welcher Situation? Wählen Sie jeweils den richtigen Ausdruck und übersetzen Sie ihn ins Deutsche.

1. Sie wollen wissen, wie die Lage aussieht.
   - On en est où ?
   - On en reste là ? ________________
2. Sie sind ganz überrascht.
   - Je n'en crois pas mes oreilles.
   - Rien que d'y penser, j'en suis malade. ________________
3. Sie haben Vertrauen in jemanden.
   - Je ne m'en fais pas.
   - Je m'en remets à vous. ________________
4. Sie haben etwas satt.
   - Je lui en veux.
   - J'en ai marre. ________________
5. Sie wollen zusammen mit jemandem weggehen.
   - On s'en va ?
   - Ça n'en finit pas ! ________________

113 Mémoire

Vervollständigen Sie die französischen Sätze und ordnen Sie sie ihren deutschen Entsprechungen zu.

le • rappelles • que (2x) • souviens • dit • peux • crois

1. Comment ____________ -tu ne pas le savoir ?

2. Je ne ____________ crois pas !

3. Comment on ____________ … ?

4. Je crois ____________ oui !

5. Hum, je ne m'en ____________ plus…

6. Je ne sais ____________ dire…

7. Je ne ____________ pas !

8. Tu te ____________ … ?

a. Was heißt …?
b. Hm, das weiß ich jetzt nicht mehr …
c. Wie kannst du das nicht wissen?
d. Ich weiß nicht, was ich sagen soll …
e. Kennst du noch …?
f. Das glaube ich ihm nicht!
g. Ich glaube nicht!
h. Ich glaube schon!

1.	2.	3.	4.	5.	6.	7.	8.

114 Aussi

Setzen Sie das Wort *aussi* an der richtigen Stelle ein. Es sind mehrere Lösungen möglich.

1. Je viens de Picardie.

2. Ce train va à Lyon ?

3. Les chaussures bleues me semblent élégantes !

4. Tu travailles à la maison ?

5. Moi, je m'appelle Léonie.

115 Non plus

Übersetzen Sie die folgenden Sätze. In einigen Fällen sind mehrere Lösungen möglich.

1. Ich habe keine Lust. – Ich auch nicht.

 ____

2. Ich habe weder Hunger noch Durst.

 ____

3. Du nimmst keinen Kaffee? Dann nehme ich auch keinen.

 ____

4. Wir wissen auch nicht, wo wir anfangen sollen.

 ____

5. Auch heute hat er keine Zeit für uns.

 ____

116 La nuit avant les examens

Am Abend vor der Abiturprüfung kreisen die Gedanken ... Formulieren Sie die Sätze in den Sprechblasen um. Welches Wörtchen brauchen Sie dabei nicht?

1. Je suis bien préparé !

2. Est-ce que je vais faire bonne impression ?

3. Avant de commencer, je dois éteindre mon téléphone portable !

4. Comment je vais réussir à me détendre ?

5. Pourquoi n'ai-je pas demandé les notes des cours aux copains ?

6. Je ne me souviens plus de rien !

1. *J'ai l'impression d'être bien préparé !*
2. *J'espère...*
3. *Avant de commencer, je ne dois pas oublier...*
4. *Je ne sais pas...*
5. *Je n'ai plus pensé...*
6. *Il me semble...*

! Möchten Sie das Thema Infinitivsätze vertiefen? Dann werfen Sie doch einen Blick auf Übung 242!

117 Désirs

Übersetzen Sie die Sätze. Für jeden Satz brauchen Sie eines der angegebenen Wörter.

aiment voyager • aimerait aussi • préfère visiter
préfère ne pas partir • plutôt • aimerait bien

1. Meine Eltern reisen gern.

2. Meine Mutter möchte gerne einmal das Burgund sehen.

3. Mein Vater möchte aber lieber ans Meer fahren.

4. Meine Mutter würde auch gerne mit dem Schiff auf dem *Canal du Midi* fahren[1].

5. „... dann geh doch lieber allein!“, sagt mein Vater.

   _____, dit mon père.

6. Ich fahre lieber nicht mit meinen Eltern in Urlaub ...

[1] mit dem Schiff fahren = descendre en bateau

118 Voilà

Verbinden Sie die französische Redewendung mit ihrer deutschen Entsprechung.

1. Me voilà.	a. Das ist für Sie.
2. Nous voilà bien !	b. Das war es.
3. Voilà pour vous.	c. Nun sind wir beim Thema.
4. Nous y voilà !	d. Da haben wir den Salat.
5. Et voilà.	e. Hier bin ich!
6. Voilà comment ça s'est passé.	f. Deshalb gehe ich.
7. Voilà, c'est comme ça.	g. So ist es.
8. Voilà pourquoi je pars.	h. So ist es passiert.

Welche Redewendung benutzen Sie, wenn Sie in eine schwierige Situation geraten?

___

Grammatik

5. Artikel

5.1 Im Regeldickicht
Bestimmte und unbestimmte Artikel

5.2 Mit oder ohne?
Gebrauch der Artikel

5.3 Wer teilt, hat mehr!
Teilungsartikel

5.1 Im Regeldickicht

Bestimmte und unbestimmte Artikel

Eine gute Nachricht vorab: im Französischen gibt es nur zwei Geschlechter: männlich und weiblich. Das schränkt die Auswahl – und damit auch die Möglichkeit, falsch zu wählen – auf angenehme Weise ein. Im Singular stehen, je nachdem, ob Sie den bestimmten oder den unbestimmten Artikel verwenden möchten, *le/la* bzw. *un/une* zur Auswahl. Im Plural ist es noch simpler, denn hier wird nicht nach dem Geschlecht unterschieden, es gibt also nur zwei Formen: *les* bzw. *des*. Diese letzte Form sollten Sie sich aber gut merken, denn sie hat keine Entsprechung im Deutschen. Einige Kleinigkeiten sollte man dazu wissen, und die können Sie in diesem Kapitel üben. Beginnen wir mit dem bestimmten Artikel.

119 Le, la ou l' ?

Setzen Sie die Artikel ein und bilden Sie die Plural- bzw. die Singularform.

1. *l'*enfant — *les enfants*
2. ____ hôtel — ____________
3. ____ addition — ____________
4. ____ chaussure — ____________
5. ____ chien — ____________
6. *l'exercice* — ____ exercices
7. ____________ — ____ salles
8. ____________ — ____ livres
9. ____________ — ____ haricots
10. ____________ — ____ cravates

120 h muet ou aspiré ?

Tragen Sie die folgenden Wörter, die alle mit *h* anfangen, mit dem richtigen Artikel (*le* bzw. *la* oder *l'*) ein.

habitude • heure • honte • herbe • hérisson • histoire
habitant • handicapé • haine • homme • Hollandais • hôpital

______________________ ______________________
______________________ ______________________
______________________ ______________________
______________________ ______________________
______________________ ______________________
______________________ ______________________

121 Le pluriel de l'article indéfini

Mehr als nur eins! Vervollständigen Sie die Sätze mit Angaben im Plural.

1. J'ai une question. J'ai *des questions* .
2 ... un oncle à Toulouse. J'ai ______________________
3. ... un rendez-vous aujourd'hui. J'ai ______________________
4. ... une information pour vous. J'ai ______________________
5. ... un souvenir romantique de lui. J'ai ______________________

122 Avec ou sans union ?

Ergänzen Sie die Sätze mit der richtigen Verbindung aus Präposition und Artikel. Und denken Sie daran: Manchmal verschmelzen diese zu einem Wort.

1. Ce soir, nous allons (à) _à la_________ piscine.
2. J'ai mal (à) _____________ jambes.
3. Tes clefs sont (derrière) _____________ porte d'entrée, pendues au crochet[1], (au-dessus de) _____________ portemanteau[2] des enfants.
4. J'en ai marre[3] (de) _____________ grève.
5. Quand reviens-tu (de) _____________ États-Unis ? J'aimerais bien que tu me racontes comment c'était.
6. Il faut prendre la première rue à droite et aller (jusqu'à) _____________ feu.
7. Je propose qu'on se retrouve (devant) _____________ cinéma à 7 h 20, d'accord ?

[1] crochet *m* = Haken
[2] portemanteau *m* = Garderobe(nständer), Kleiderhaken
[3] en avoir marre = es satt haben

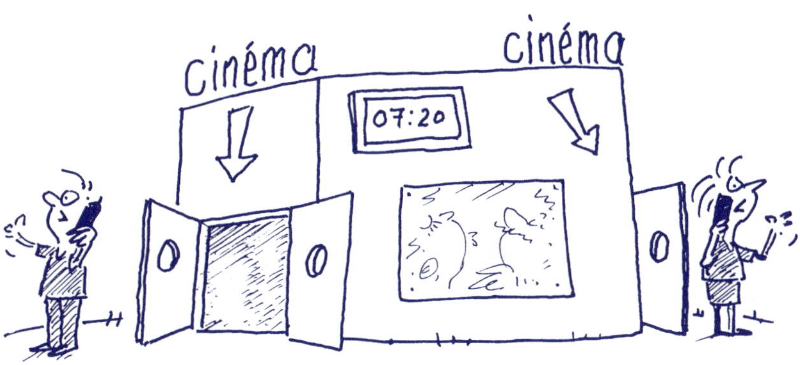

5.2 Mit oder ohne?

Gebrauch der Artikel

Un café et le journal d'aujourd'hui, s'il vous plaît ! So weit, so gut: Die zwei Artikel würden Sie hoffentlich genauso verwenden und im Café mühelos zu Ihrem Espresso und Ihrer Tageszeitung kommen. Was ist aber, wenn Ihr *barman* Sie auf Deutsch fragt: *„Mögen Sie den Fußball?"* Oder wenn Sie im Französischen einen Artikel gebrauchen, wo er ihn gar nicht erwartet? Also aufgepasst: Genau auf solche Fälle kommt es hier an.

123 Avec ou sans article défini (1) ?

Ergänzen Sie den bestimmten Artikel, wo nötig. Verschmelzen Sie gegebenenfalls die Präposition mit dem Artikel.

1. Bonjour, _____ monsieur Parmentier. Enchanté de vous revoir ! Comment allez-vous ? Et _____ Dulac, vous en avez des nouvelles ? Je ne les ai pas vus depuis une éternité !
2. Je n'aime pas _____ bière, je préfère _____ vin.
3. Qu'est-ce que vous avez fait _____ jeudi ? C'était férié aussi en Autriche ?
4. _____ mardi, c'est mon jour sportif. Je vais avec une amie à la piscine. Mais le reste de la semaine, je n'ai pas _____ temps de faire du sport.
5. Ça coûte deux euros _____ kilo.
6. Sans aucun doute, _____ foot est le sport _____ plus populaire du monde.
7. Qu'est-ce que tu étudies ? – _____ droit.
8. J'ai passé le week-end à jouer _____ ping-pong avec mes amis.
9. Il a _____ mains sales.

> **!** *Jouer à ou jouer de?* Erinnern Sie sich? Musikinstrumente lassen sich mit *de* einführen und Sportarten mit *à*.

124 Avec ou sans article défini (2) ?

Übersetzen Sie. Achten Sie auf die Verwendung des bestimmten Artikels.

1. Deutsch ist eine schwierige Sprache.

   ____

2. Sie hat 40° Fieber und Kopfschmerzen: Sie hat sich bestimmt die Grippe geholt.

   ____

3. Frankreich und Deutschland haben einen gemeinsamen Fluss: den Rhein.

   ____

4. Der Doktor kommt gleich, bitte warten Sie kurz.

   ____

5. Teresa hat schwarze Haare und azurblaue Augen.

   ____

6. Ich nehme den 14-Uhr-Zug.

   ____

125 Avec ou sans article indéfini ?

Ergänzen Sie den unbestimmten Artikel, wo nötig.

1. Je suis _____ architecte et je suis _____ français.
2. J'ai _____ belle maison, _____ femme et _____ enfants mais je n'ai pas de _____ chien.
3. Tu as pris _____ rendez-vous chez le dentiste ?
4. Lorsque j'étais _____ enfant, j'allais souvent pêcher des crabes avec _____ ami.
5. Bagnoles de l'Orne, _____ ancienne ville thermale, possède tout _____ quartier « Belle-Époque » avec de très belles villas.

5.3 Wer teilt, hat mehr!

Teilungsartikel

Kaum eine Wortart könnte die französische Denkweise anschaulicher machen als der Teilungsartikel. So häufig diese Wörtchen im typisch französischen Wortschwall vorkommen, so wenig Sinn scheinen sie dabei zu haben. Und doch – eine Bedeutung haben sie schon: „etwas, einige“ eben. Wie viel genau, will man gar nicht wissen ... Ach ja, das Deutsche kommt ganz ohne Teilungsartikel aus.

126 Tu peux faire les courses ?

Der liebe Sohn nimmt Mutters Anweisungen nicht allzu ernst. Statt der genauen Mengenangaben auf ihrem Einkaufszettel verlangt er im Tante-Emma-Laden nur unbestimmte Mengen. Ergänzen Sie, was er dem Verkäufer sagt, mithilfe des Einkaufszettels.

Je voudrais... *des tomates,* ____________________

____

____

> **!** Klar, die bestimmten Artikel müssen gut sitzen, ansonsten können Sie die Teilungsartikel erst gar nicht bilden ... Blättern Sie doch bei Bedarf zu Kapitel 5.1 zurück!

127 Je voudrais du...

Übersetzen Sie. Verwenden Sie dabei den Teilungsartikel.

1. Willst du Tee oder Kaffee trinken?

   ____

2. Die Großeltern haben Schokolade für die Kinder (mit)gebracht.

   ____

3. Kannst du mir Senf mitbringen, wenn du nach Dijon fährst?

   ____

4. Gibst du mir bitte Wasser? Ich habe noch Durst.

   ____

5. Dieser Typ[1] hat wirklich Geld!

   ____

[1] Typ = type *m*

128 M. Malchance

Verneinen Sie die Sätze wie in dem Beispiel.

1. M. Malchance a de la chance. *M. Malchance n'a pas de chance.*
2. M. Malchance a du travail. ______________
3. M. Malchance a une femme. ______________
4. M. Malchance a de l'humour. ______________
5. M. Malchance a des amis. ______________

Was fällt Ihnen auf? Wie wird die Nullmenge auf Französisch ausgedrückt?

129 Avec ou sans article partitif ?

Ergänzen Sie mit dem richtigen Artikel, wenn nötig.

1. Je suis débordée, j'ai trop de _____ travail.
2. Je voudrais ___ melon bien mûr, un peu de _____ persil et un kilo de _____ pommes.
3. Suite aux attentats, une minute de _____ silence a été faite partout en France.
4. Nous avons toujours eu beaucoup de _____ chance dans la vie.
5. On peut échanger[1] les dates de nos gardes[2] ? – Bien entendu, pas de _____ problème.
6. Il a _____ succès auprès des femmes.

[1] échanger = austauschen
[2] garde *f* = Dienst

6. Substantive

6.1 Männlein oder Weiblein?
Geschlecht der Substantive

6.2 Einer allein reicht nicht
Plural der Substantive

6.1 Männlein oder Weiblein?

Geschlecht der Substantive

Sie wissen es bereits, beim Geschlecht sind die Franzosen für klare Verhältnisse: Substantive sind entweder männlich oder weiblich, ein Neutrum gibt es nicht. Aber auch zwei Geschlechter lassen noch genügend Raum für Zweifel. Doch keine Panik: Es gibt ein paar Regeln, die bei der Entscheidung helfen.

130 Un peu d'ordre

Ordnen Sie folgende Substantive dem richtigen Geschlecht zu. Achtung: einige Wörter können männlich und weiblich sein. Welche?

ami | Chinoise | collègue | cousine | Français

assistante | Allemand | vache | garçon

soleil | Belge | secrétaire | lune

männlich	
weiblich	
männlich oder weiblich	

131 Féminin ou masculin (1) ?

Es gibt einige Endungen, an denen man das Geschlecht erkennen kann. Kreuzen Sie an, ob folgende Substantive männlich (m) oder weiblich (w) sind und ergänzen Sie die Regeln. Welches Wort kann männlich oder weiblich sein?

	m	w		m	w
1. garage	●	●	7. beauté	●	●
2. maison	●	●	8. nation	●	●
3. touriste	●	●	9. numéro	●	●
4. travail	●	●	10. bureau	●	●
5. différence	●	●	11. appartement	●	●
6. ordinateur	●	●	12. billet	●	●

Substantive auf *-age*, *-ail*, *-teur*, *-o*, *-eau*, *-ment* und *-et* sind in der Regel ____________. Substantive auf *-aison*, *-ence*, *-té* und *-tion* sind in der Regel ____________. ____________ kann männlich oder weiblich sein.

132 Substantifs changeant de sens

Einige Substantive können sowohl männlich als auch weiblich sein – mit jeweils unterschiedlicher Bedeutung. Entscheiden Sie sich in den folgenden Sätzen für den richtigen Begleiter (*le/la* oder *un/une*). Und was bedeutet dann das Wort mit dem anderen Geschlecht?

1. L'hiver approche, j'ai besoin d'un nouveau manteau. J'irai faire (un / une) tour demain dans les magasins.
2. Regarde, il y a une tâche sur (le / la) manche de ta chemise !
3. (Le / La) mode subonctif exprime un point de vue sur l'action.
4. Pourquoi une femme devrait-elle porter (le / la) voile ?
5. Faites bien attention (au / à la) vase dans l'entrée.
6. Anne et Malik se disputent farouchement (le / la) garde de leurs enfants.

133 Ma petite entreprise

Vervollständigen Sie die folgende Firmenpräsentation mit den passenden Wörtern in der richtigen Form.

professionnel • directeur • enseignant • employé • assistant
ingénieur diplômé • collègue • ami

Nous sommes une petite entreprise de services informatiques très spéciale : ici ne travaillent que des femmes. Notre équipe de ____________ (1.) est très soudée car nous ne sommes pas seulement ____________ (2.) mais aussi ____________ (3.) !

Vous voulez offrir un cours d'informatique à vos ____________ (4.) ?

Notre ____________ (5.) Mme Duveau, ____________ (6.) sera très heureuse de les former.

Vous cherchez un nouveau logiciel pour votre entreprise ? La ____________ (7.) des ventes est à votre disposition complète ! Alors… qu'est-ce que vous attendez ? Contactez nos ____________ (8.), Juliette et Marine, pour prendre rendez-vous. Il n'y a qu'à téléphoner !

134 Qu'est-ce que vous faites dans la vie ?

Bei der Bildung der weiblichen Berufsbezeichnungen aus den männlichen Formen gibt es ein paar Besonderheiten zu beachten. Bereit für einen kleinen Test? Bilden Sie die weiblichen Formen folgender Berufe.

1. un boulanger ____________
2. un coiffeur ____________
3. un acteur ____________
4. un libraire ____________
5. un pharmacien ____________
6. un pâtissier ____________
7. un médecin ____________
8. un avocat ____________
9. un professeur ____________
10. un champion ____________

6.2 Einer allein reicht nicht

Plural der Substantive

Wie Sie sich im Frankreich-Urlaub mit mehr als nur einem *café*, einer *crêpe* oder einem *croissant* versorgen können, das wissen Sie ja bereits. Kniffliger wird es, wenn sich mehrere Endungen zur Pluralbildung anbieten (*-s* oder *-x* bzw. *-als* oder *-aux*), wenn es von einem Substantiv gar keine eigene Pluralform gibt oder aber eine völlig unregelmäßige! Aber eins nach dem anderen …

135 Régulier ou non ?

Bilden Sie die Pluralform folgender Substantive. Achten Sie auf unregelmäßige Pluralbildungen!

1. piscine	____________	10. travail	____________
2. dos	____________	11. festival	____________
3. journal	____________	12. vœu	____________
4. jeu	____________	13. album	____________
5. enfant	____________	14. ciel	____________
6. cadeau	____________	15. prix	____________
7. genou	____________	16. cheveu	____________
8. noyau	____________	17. œil	____________
9. nez	____________	18. pneu	____________

Welche dieser Substantive bilden den Plural unregelmäßig?

____

____

136 Formellement au pluriel ?

Ergänzen Sie die folgenden Substantive, die alle nur im Plural gebraucht werden, aber meist singularische Bedeutung haben.

fiançailles • retrouvailles • archives • lunettes • soldes
ciseaux • gens

1. La lumière est tellement forte aujourd'hui. Je vais mettre des ______________ de soleil.
2. Allez on porte un toast à nos ______________ ! Se revoir au bout de quinze ans, quel plaisir !
3. Pour son master d'histoire, il fait une recherche dans les ____________ de la bibliothèque nationale.
4. Comme il est beau ce pantalon en lin ! – Oui, mais tu as vu son prix ? Il vaut mieux attendre les ______________ .
5. Les ______________ se font de moins en moins de nos jours.
6. Il y a beaucoup de ______________ qui souhaitent écouter ce concert.
7. Madame, savez-vous que je ne trouve plus mes ______________ depuis l'opération ?

137 Deux opéras

Kreuzen Sie bei den folgenden „Fremdwörtern" die richtige Pluralform an. In zwei Fällen sind beide Alternativen möglich.

1. la pizza	les pizze / les pizzas
2. le land	les länder / les lands
3. le spaghetti	les spaghetti / les spaghettis
4. le cameraman	les cameramans / les cameramen
5. le hobby	les hobbys / les hobbies

138 Les tire-bouchons

Rekonstruieren Sie anhand der folgenden Wörterliste die zusammengesetzten Substantive (Komposita) im Plural. Wie lautet jeweils die Singularform?

~~tire~~ • vaisselle • muets • matchs • hiver • boîtes • midi
nouveau • choux • non • terre • grands

1. les *tire*-bouchons — *le tire-bouchon*
2. les ___________-fleurs — ___________
3. les sourds-___________ — ___________
4. les ___________-violents — ___________
5. les sports d'___________ — ___________
6. les ___________ à lettres — ___________
7. les après-___________ — ___________
8. les ___________-nés — ___________
9. les pommes de ___________ — ___________
10. les ___________-mères — ___________
11. les lave-___________ — ___________
12. les ___________ de boxe — ___________

7. Adjektive und Adverbien

7.1 **Ende gut, alles gut**
Endungen der Adjektive

7.2 **Jedem das Seine**
Possessivadjektive

7.3 **Größer, schöner, besser!**
Steigerung der Adjektive

7.4 **Der feine Unterschied**
Adjektiv oder Adverb?

7.5 **Wohin damit?**
Stellung der Adjektive und Adverbien

7.1 Ende gut, alles gut

Endungen der Adjektive

O. K., Ihr Zimmer mit Meerblick bekommen Sie so oder so – egal ob Sie wissen oder nicht, dass bei *chambre* das Adjektiv *inoccupée* (und nicht *inoccupé*) ein „e" mehr hat. Wenn Sie aber Ihr attraktiver Strandnachbar fragt, ob Sie heute Abend Zeit haben, dann können Sie mit Ihrem *Oui, je ne suis pas prise !* schon mal punkten. Ein wenig Training mit den Endungen der Adjektive ist also unerlässlich, damit Ihre Sätze schön und rund klingen und Sie *une bonne impression* machen!

139 L'art de combiner

Was passt am besten zusammen? Ordnen Sie zu.

1. le film	a. vraie
2. la couleur	b. marron
3. l'histoire	c. studieuse
4. la veste	d. conservatrice
5. la cerise	e. moderne
6. la politique	f. intéressant
7. l'étudiante	g. mûre
8. la langue	h. folle
9. l'idée	i. turque
10. la peinture	j. vive[1]

1.	2.	3.	4.	5.	6.	7.	8.	9.	10.

[1] vive = kräftig

> **!** Jedes gute Wörterbuch gibt die weibliche Form eines Adjektivs an. Fehlt ein Hinweis, so gibt es nur eine Form für beide Geschlechter.

140 Avec ou sans accent ? Simple ou double ?

Ergänzen Sie die weibliche Form der Adjektive. Fügen Sie, wenn nötig, Akzente hinzu.

1. une bon____ idée
2. une femme fatal____
3. une chemise violet____
4. une table léger____
5. une spécialité autrichien____
6. une assistante social____
7. une forme irrégulier____
8. une demande officiel____
9. une gros____ portion
10. une mère inquiet____

141 Un vieux monsieur sympathique

Zwei Adjektive in der folgenden Liste bilden die weibliche Form regelmäßig: Welche? Notieren Sie anschließend die weibliche Form der anderen Adjektive.

nouveau • frais • important • sympathique • bref • fameux
vrai • faux • roux • vieux • long • blanc

Die regelmäßigen Adjektive sind: ______________ und ______________.
Die weiblichen Formen der Adjektive lauten:

1. ______________ 2. ______________ 3. ______________
4. ______________ 5. ______________ 6. ______________
7. ______________ 8. ______________ 9. ______________
10. ______________ 11. ______________ 12. ______________

142 Logique, non ?

Und jetzt im Plural. Ergänzen Sie, wenn nötig, die passenden Endungen.

1. des livre____ neuf____
2. de beau____ enfant____
3. des moment____ difficil____
4. de joli____ maison____
5. de____ gros____ problèmes
6. de bon____ nouvelle____
7. des gens____ norma____
8. des offre____ interessant____

! Die Stellung des Adjektivs können Sie in den Übungen 160–162 üben.

143 Un, deux, trois, prêts ? Partez !

Übersetzen Sie die Sätze und vervollständigen Sie den Dialog.

♀ Alors, les garçons vous avez fini ?

♂♂ ____!

Ja, wir sind bereit!

♀ Et vous les filles ?

♀♀ ____!

Auch wir sind bereit!

♂♂ ____?

Und du, Mama, bist du bereit?

♀ ____!

Sicher! Ich bin seit einer Stunde bereit!

♀ ______________________________?

Und der Papa … ist er bereit?

Aber … wo ist der Papa?

144 Un beau rêve

Ergänzen Sie nun das Adjektiv *beau* in der richtigen Form.

Louan habite dans un grand appartement avec une ____________ (1.) terrasse. Près de la terrasse, il y a aussi un ____________ (2.) arbre avec de ____________ (3.) fleurs roses. Louan passe des heures sur la terrasse. Elle adore être au milieu des ____________ (4.) plantes dont elle s'occupe tous les jours avec passion. De sa terrasse Louan voit la mer: quel ____________ (5.) spectacle ! Elle a aussi un ____________ (6.) chat, Sylvestre, qui lui tient compagnie pendant qu'elle regarde la mer. Sylvestre est tout noir et il a de ____________ (7.) yeux verts clair...
« Miaaaou ! »
« Mais Sylvestre ! Qu'est-ce que tu fais ?! Tu m'as réveillée au plus beau moment ![1] »

[1] au plus beau moment = als es am schönsten war

Nur vor einem männlichen Substantiv, das mit einem Vokal oder „stummen *h*" beginnt, wird die Sonderform *bel* verwendet.

7.2 Jedem das Seine

Possessivadjektive

À chacun son style, à chacun sa part... – diese Ausdrücke machen deutlich, dass die französischen Possessivadjektive wie die deutschen vor dem Substantiv stehen und sich in Geschlecht und Zahl an dieses angleichen. Soweit die Gemeinsamkeiten, aber es gibt auch ein paar Unterschiede zu beachten und damit befassen wir uns im Folgenden.

145 À lui ou à elle ?

Wem gehören die Kleidungsstücke? Ihm, ihr oder beiden? Ordnen Sie zu und ergänzen Sie das jeweilige Possessivadjektiv.

cravate • ~~chemise~~ • chemisier • jupe • ~~pantalons~~ • chaussures
boxer • caleçon • pull

sa chemise

leurs pantalons

Anders als im Deutschen ist für die Wahl der richtigen Form nicht das Geschlecht des Besitzers, sondern nur das des Besitzobjektes ausschlaggebend, d. h. das Französische unterscheidet nicht zwischen „sein(e)" und „ihr(e)".

146 Leurs vies

Ergänzen Sie das passende Possessivadjektiv in der richtigen Form.

leurs • ta • sa • ses • ton • mon • son • leur • mes

1. Mais il est vraiment nécessaire de me contrôler ? – Madame, je fais seulement ______ travail.
2. Tu peux me prêter ______ tablette pour un petit moment ? Je voudrais lire les dernières nouvelles.
3. Emma vit dans une très belle villa qu'elle a héritée[1] de ______ oncle.
4. Jean n'a jamais fait la connaissance de ______ tante.
5. Hier ils ont fêté ______ noces d'argent[2] avec toute ______ famille.
6. Excusez-moi ! – Oui ? – J'ai oublié ______ valises !
7. Il a ______ propres raisons d'être en colère contre toi !
8. J'aimerais bien faire la connaissance de ______ amie allemande.

[1] hériter = erben
[2] noce *fpl* d'argent = Silberhochzeit

147 Quand l'adjectif possessif ne sert à rien

Übersetzen Sie. Das Possessivadjektiv bleibt jeweils unübersetzt.

1. Da habe ich meine Zweifel!

____

2. Ihr Kopf tut weh!

____

3. Willst du deine Hände waschen?

____

4. Der Chef ändert immer seine Meinung.

____

148 Et toi ?

Ergänzen Sie die Fragen mit dem passenden Possessivpronomen.

1. J'ai invité mes parents à notre fête de fin d'année. Et vous, vous avez invité *les vôtres* ?
2. J'ai déjà réservé une location pour les vacances. Et vous, vous avez réservé ______ ?
3. Mon opinion, tu la connais. Et toi, tu me dis ______ ?
4. Les employés ont déjà donné leur contribution[1] au cadeau de départ en retraite de la secrétaire. Et le directeur, il a déjà donné ______ ?
5. Moi, j'ai déjà fait ma valise pour les vacances. Et les enfants, ils ont déjà fait ______ ?
6. J'ai demandé à mon frère de me prêter son vélo. Et toi, tu as demandé ______ ?

[1] contribution *f* = Beitrag

149 Un des nôtres

Übersetzen Sie.

1. Sind Sie ein Kunde von uns?

______

2. Mein Auto ist blau, und welche Farbe hat deins?

______

3. Das ist eine fixe Idee von ihm.

______

4. Nathalie hat ihre Flasche Wasser vergessen. Wir werden ihr unsere leihen.

______

5. Ist Laura eine Freundin von dir?

______

7.3 Größer, schöner, besser!

Steigerung der Adjektive

Lockerer und kreativer, aber auch chaotischer und impulsiver. Das ist in etwa der Ruf, den Franzosen jenseits des Rheins genießen. Nein, wir möchten hier keine Klischees untersuchen – wichtig ist nur die Nachsilbe *-er*, mit der im Deutschen die Vergleichsform gebildet wird. Wie das im Französischen geht, üben wir in diesem Kapitel. Und was Franzosen über Deutsche denken ... na ja, das erzählen wir Ihnen lieber ein anderes Mal ...

150 Lieux communs

Formulieren Sie Vergleiche nach den Angaben und den üblichen Klischees. Verwenden Sie dabei *plus* oder *moins* und vergessen Sie nicht, das Adjektiv anzugleichen.

1. Espagnols / joyeux / Allemands
   Les Espagnols sont plus joyeux que les allemands.
2. Allemands / organisé / Français
   ____
3. Allemands / paresseux / Français
   ____
4. Françaises / beau / Anglaises
   ____
5. Français / élégant / Allemands
   ____
6. Allemandes / passionné / Italiennes
   ____

> **!** Ein Vergleich mit „(eben)so ... wie“ kann mit *aussi ... que* für Adjektive oder mit *autant de ... que* für Substantive formuliert werden.

151 Le plus intéressant...

Übersetzen Sie. Achten Sie auf die unterschiedliche Wiedergabe des Superlativs.

1. Mein Freund hat am meisten von allen getrunken.

   ____

2. Das ist der Film, der mich am wenigsten berührt[1].

   ____

3. Am interessantesten war die Stadtführung[2].

   ____

4. Welcher Pulli gefällt dir am besten?

   ____

5. Am besten warten wir ein bisschen.

   ____

6. Wie nimmt[3] man am besten ab?

   ____

[1] berühren = toucher
[2] Stadtführung = visite *f* de la ville
[3] abnehmen = perdre du poids

152 Excellent !

Regelmäßige oder unregelmäßige Form? Wählen Sie jeweils die passende Variante.

1. Pas de chance ! Nous avons le (plus petit / moindre) emplacement du camping.
2. La force est la (plus mauvaise / pire) solution pour résoudre un conflit.
3. Ce livre est vraiment insupportable, je dirais que c'est le (plus mauvais / pire) que j'ai jamais lu.
4. Où est Jean ? – Je n'en ai pas la (plus petite / moindre) idée !
5. Anne est ma (plus bonne / meilleure) amie.

7.4 Der feine Unterschied

Adjektiv oder Adverb?

Nous avons vraiment bien mangé ! Les crêpes étaient vraiment bonnes ! Schade nur, dass diese Sätze nicht so flüssig über die Lippen gehen wollen. Beim Wort „gut" bleibt Ihnen bestimmt manchmal die Sprache im Hals stecken: Geht es darum zu sagen, wie wir gegessen haben (*bien* = Adverb) oder wie die Crêpes waren (*bonnes* = Adjektiv)? Damit Sie Ihre Komplimente auch bei vollem Magen richtig formulieren, lohnt es sich, zunächst einmal diesen Unterschied gut zu verdauen.

153 Échauffement mental

Adjektiv oder Adverb? Unterstreichen Sie jeweils die richtige Form.

1. Emmanuel sait parfois être très (direct / directement).
2. J'essaie (désespéré[1] / désespérément) de t'en convaincre.
3. Nous avons gagné la partie (méritée[2] / de façon méritée).
4. Ma grand-mère est encore aussi (active / activement) que ma mère.
5. C'est une histoire (vraie / vraiment).
6. Non, merci, je fais attention à ma ligne. Je mange (modéré / modérément).

[1] désespéré = verzweifelt
[2] mérité = verdient

! In bestimmten Wendungen werden Adjektive adverbial gebraucht, z. B. *parler bas/fort, bronzer idiot* usw. Diese festen Wendungen sollten wie Vokabeln auswendig gelernt werden. Siehe auch Übung 156 zu Adverbien, die wie Adjektive benutzt werden können.

154 Aussi rapide que l'éclair[1]

Ergänzen Sie *rapide* oder *vite*.

1. Le TGV est un Train à Grande Vitesse : il roule très ______________.
2. Tu n'es pas une ______________ toi ! ______________, on va être en retard !
3. Il faut aller ______________, nous n'avons plus beaucoup de temps.
4. La restauration ______________ désigne les commerces de type fast-food. On y vend essentiellement des sandwiches.
5. Vous pouvez parler moins ______________, s'il vous plaît, je n'ai pas compris !

[1] aussi rapide que l'éclair = blitzschnell

155 Comme c'est bon !

Ergänzen Sie *bon/bonne* oder *bien*.

1. Excellente, cette quiche lorraine, vous l'avez vraiment ______________ réussie !
2. Je pense que ton idée est ______________, mais elle est un peu difficile à réaliser[1].
3. Ce restaurant est une ______________ adresse, on y mange vraiment ______________.
4. Il l'aime ______________.
5. À vrai dire, j'ai l'impression que je n'ai pas ______________ garé la voiture.

[1] réaliser = ausführen, verwirklichen

156 Comme c'est bien !

Übersetzen Sie.

1. Diese Zeitschrift ist sehr gut.
2. Und wie war der Ausflug? – Nicht schlecht!
3. Weihnachten ist noch sehr weit weg.
4. Dieser Pulli gefällt mir gut, aber er kostet wirklich viel, ich nehme ihn nicht.
5. Könnten Sie lauter sprechen? Hinten hört man nicht gut.

> **!** Achtung: einige Adverbien werden vor allem in Sätzen mit *être* als Adjektive gebraucht. Umgekehrt werden einige Adjektive in Verbindung mit bestimmten Verben anstelle eines Adverbs gebraucht.

157 Une alternative aux adverbes

Welcher Ausdruck aus der Liste hat dieselbe Bedeutung wie das Adverb?

avec plaisir • d'un ton sec • de façon systématique
avec attention • avec patience

1. modérément *avec modération*
2. volontiers
3. patiemment
4. sèchement
5. attentivement
6. systématiquement

158 De mieux en mieux[1]

Und nun die unregelmäßigen Steigerungsformen von *bon* und *bien*. Ergänzen Sie die Sätze.

meilleur • mieux • mieux • meilleure • mieux

1. On peut ______________ visiter le centre ville à pied.
2. Ribéri ou Maradona ? Qui est le ______________ des deux ?
3. Voici la ______________ eau-de-vie[2] de la région !
4. Je ne supporte pas Frédéric. Il se croit toujours ______________ que les autres.
5. Alors comment ça va aujourd'hui ? – Pas mal, ______________ qu'hier.

[1] de mieux en mieux = immer besser [2] eau *f* de vie = Schnaps

159 C'est bien comme ça !

Übersetzen Sie.

1. Es ist gut, dass auch deine Eltern hier sind.
   ____
2. Es ist gut, dass auch ihr gekommen seid.
   ____
3. Es ist besser, dass Sie es wissen.
   ____
4. Besser du gehst jetzt nach Hause.
   ____
5. Ich glaube, dass es besser ist, wenn wir uns nicht mehr sehen.
   ____

! Wenn man den Satz mit *Il vaut mieux que…* oder *C'est bien que…* einleitet, muss man den *subjonctif* verwenden, z. B. *Il vaut mieux que tu ailles chez ton père.* (Es ist besser, du gehst zu deinem Vater.)

7.5 Wohin damit?

Stellung der Adjektive und Adverbien

Was haben Sie bloß falsch gemacht, als Sie Ihre frühere französische Gastgeberin mit den Worten *une de mes amies anciennes* vorgestellt haben?! Das Adjektiv folgt doch auf das Substantiv, oder? Ja, zumindest ist es meistens so. Aber es gibt auch Adjektive, die vor dem Substantiv stehen können – mit nicht unerheblichen Folgen ... Also, noch mal: *Voici Caroline, une de mes anciennes amies.* Sehen Sie, es geht doch!

160 Forme, couleur et d'autres encore

Zunächst einmal der Standardfall. Bringen Sie die Wörter in die richtige Reihenfolge. Achten Sie auf die Stellung der Adjektive.

1. eau / bouteille / Vous prendrez / une / minérale / d'

   ____?

2. le fromage / Il / surtout / les / françaises / specialités / adore

   ____.

3. vu / que / Vous avez / passés / au feu / êtes / rouge / vous

   ____?

4. il faut / Pour / ballon / au / un / jouer / oval / rugby

   ____.

5. régions / Certaines / allemandes / religion / de / protestante / sont

   ____.

> **!** Natürlich gibt es auch Adjektive, die so gut wie immer vor dem Substantiv stehen. Welche? Na ja, z. B. die Ordinalzahlen wie *premier*, *second* etc.

161 Un petit problème

Was passt besser? Setzen Sie die richtige Form des angegebenen Adjektivs vor oder hinter dem Substantiv ein.

1. Maurice est un __________ homme __________, il a du mal à marcher.
2. C'est une __________ histoire __________ !
3. Connaissez-vous Castel Meur en Bretagne ? Cette __________ maison __________ entre deux rochers ?
4. Pierre est un __________ enfant __________. Ne joue plus avec lui !
5. C'est une __________ nouvelle __________ ! Paul et Christine divorcent, vraiment ?
6. Aujourd'hui, j'essaie mon __________ téléphone portable __________!

méchant
nouveau
vieux
long
incroyable
petit

162 Un certain problème

Hier ändert sich die Bedeutung des Adjektivs, je nachdem, ob es vor oder hinter dem Substantiv steht. Ergänzen Sie die angegebenen Adjektive in der richtigen Form und ordnen Sie sie der passenden Bedeutung zu.

1. certain	
certaines informations →	sichere Informationen
des informations ____________	gewisse Informationen
2. différent	
____________ idées	mehrere Ideen
des idées ____________	unterschiedliche Ideen
3. pauvre	
de ____________ gens	bedauernswerte Leute
des gens ____________	arme Leute
4. grand	
un ____________ homme	ein bedeutender Mann
un homme ____________	ein großer Mann
5. seul	
une ____________ personne	eine einzige Person
une personne ____________	eine einsame Person
6. unique	
un ____________ exemple	ein einziges Beispiel
un exemple ____________	ein einzigartiges Beispiel
7. ancien	
un ____________ logement	eine ehemalige Wohnung
un logement ____________	eine Altbauwohnung

163 Évidemment...

Und nun zu den Adverbien. Bringen Sie die Wörter in die richtige Reihenfolge.

1. bien / Je me souviens / enfance[1] / de / mon

   ______________________________.

2. hier / trop / Il / mangé / a

   ______________________________.

3. mal / Elle / l'école / travaille / à

   ______________________________.

4. C'est / très / professeur / un / sévère

   ______________________________.

5. Évidemment / pas / il / d'accord / n' / était

   ______________________________.

6. il / des / apporte / En / toujours / lui / champignons / automne,

   ______________________________.

[1] enfance *f* = Kindheit

8. Pronomen & Co.

8.1 Die Alleskönner
Personalpronomen

8.2 Klein, aber oho!
Die Wörtchen y und en

8.3 Alles ist relativ?
Relativpronomen

8.1 Die Alleskönner

Personalpronomen

Meist zeigen sie sich nur schüchtern und bleiben diskret im Hintergrund. Wenn sie aber betont sind, nehmen sie eine andere Gestalt an und treten selbstbewusst auf. Wovon ist die Rede? Na klar, von unseren wendigen Personalpronomen!

164 Je, tu, il...

Ergänzen Sie die passenden Personalpronomen als Subjekt.

1. Comme _______ ressort de mon CV[1], _______ ai fait un stage aux États-Unis et puis _______ me suis spécialisée en Allemagne.
2. Qu'est-ce que _______ faites dimanche soir ? – Euh... _______ allons au cinéma en plein air.
3. _______ ne prends pas de dessert ? _______ as trop mangé ?
4. _______ prendrez du vin ?
5. Mes voisins et moi, _______ s'entend bien. _______ fait des échanges de soirées baby-sitting.
6. Gabrielle et Anna sont cousines. _______ se voient souvent pendant les grandes vacances[2].

[1] CV *m* = curriculum vitae = Lebenslauf
[2] grandes vacances *fpl* = Sommerurlaub, -ferien

> ! *Vous* steht für eine oder mehrere Personen, die man siezt (Sie) oder für mehrere Personen, die man duzt (ihr).

165 Le toi du moi[1]

Ergänzen Sie die betonten Personalpronomen mithilfe der Angaben.

nous • lui • vous • moi • toi • eux • elle

1. Demain c'est l'anniversaire de Maman. On a un cadeau pour _______ ?
2. Mes amis sont extra ! Grâce à _______, nous avons fait notre déménagement en un week-end.
3. Salut, _______, je m'appelle Sandrine. Et _______ ? – Béate.
4. Merci madame, sans _______, je n'aurai jamais retrouvé mon portefeuille.
5. Voici Jean, c'est _______ notre nouveau voisin.
6. Mes parents viendront avec _______ ce soir au restaurant.

[1] Titel eines Songs von Carla Bruni

166 Pronoms directs ou indirects ?

Wählen Sie jeweils die passende Ergänzung und beantworten Sie die Fragen mithilfe eines direkten oder indirekten Objektpronomens.

~~mardi~~ • ~~une bague~~ • un texto • bien cuite
le dernier prix Goncourt

1. ◆ Quand allez-vous revoir Jean-Paul ?
   ● *Je le revois mardi.*
2. ◆ Tu sais déjà ce que tu vas offrir à Claire ?
   ● Oui, ______________________________ *une bague.*
3. ◆ Tu veux ta viande saignante ou bien cuite ?
   ● ______________________________
4. ◆ Tu peux me conseiller un livre ?
   ● Oui, ______________________________
5. ◆ Tu as déjà envoyé un mail à ton oncle ?
   ● Non, ______________________________

167 Vous devez le faire comme ça !

Wandeln Sie die folgenden Sätze um, indem Sie das direkte Objekt an den Satzanfang stellen und durch ein direktes Objektpronomen wieder aufgreifen. Achten Sie auf die Reihenfolge der Pronomen.

1. Quand portez-vous un smoking ?
   Le smoking, vous le portez quand ?
2. Où faut-il écrire le nom de l'expéditeur[1] ?
   ______
3. Comment faut-il prendre ce médicament ?
   ______
4. Dans quel cas n'utilise-t-on pas de virgule ?
   ______
5. Comment faites-vous la pâte à crêpes ?
   ______
6. Où allez-vous faire vos courses ?
   ______
7. Où faut-il insérer le CD ?
   ______

[1] expéditeur *m* = Absender(in)

Diese Satzbildung ist typisch für den mündlichen Sprachgebrauch. Hat es Ihnen Spaß gemacht? Dann machen Sie doch auch (noch einmal) Übung 111!

168 Moi aussi

Formulieren Sie die fehlenden Fragen und Antworten nach dem Muster.

1. Christophe et Brigitte
   Est-ce que Christophe aime sortir ? (Christophe / sortir)
   Christophe oui, et Brigitte ? ☺
   Elle aussi. ☺
2. Tonton[1] et Tata[2]
   ______ (Tonton / les escargots)
   Tonton non, et Tata ? ☹
   ______ ☺
3. Claire et Max
   ______ (Claire / faire du shopping)
   ______ ☺
   ______ ☹
4. le voisin et la voisine
   ______ (le voisin / les animaux domestiques)
   ______ ☹
   ______ ☹

[1] Tonton *m* = Kosename für Onkel
[2] Tata *f* = Kosename für Tante

> **!** Auf die Frage, ob auch Ihnen etwas gefällt oder nicht, sollten Sie folgende Antworten parat haben: ☺ ☺ *Moi aussi !*, ☹ ☺ *Moi si !*, ☹ ☹ *Moi non (plus) !*, ☺ ☹ *Moi pas !*

169 Je te l'explique

Vervollständigen Sie die Antworten mit den passenden Objektpronomen.

1. Tu as rendu le pistolet à Julius ? – Non, je ne __________ ai pas encore rendu mais je le fais tout de suite.
2. Tu pourrais me raconter l'histoire de *la Belle au bois dormant*[1] ? – Volontiers je __________ raconterai ce soir avant d'aller au lit.
3. Vous avez demandé les notes de cours à vos camarades ? – Oui, nous __________ avons demandé.
4. Alors quel est votre problème ? – Je préfère __________ dire plus tard au calme.
5. Pourriez-vous m'expliquer comment envoyer un mail ? – Bien sûr, je peux __________ expliquer.
6. Cet enfant a perdu sa maman. Pourriez-vous ______ aider à ______ retrouver ?
7. Mon ami Jean a demandé à son cousin s'il a envie de faire le tour du monde avec ______. Comme j'adore voyager je regrette qu'il ne ______'ait pas demandé à ______.
8. Je peux emprûnter[2] ta voiture ? – D'accord, je __________ prête, mais ne roule pas trop vite !

[1] La Belle au bois dormant = Dornröschen
[2] emprûnter = ausleihen

8.2 Klein, aber oho!

Die Wörtchen y und en

Ratatouille ohne *herbes de Provence*? Undenkbar! *Gratin dauphinois* ohne Knoblauch? Nicht mit uns! Kein Wunder: Oft sind es ja kleine Zutaten, die dem großen Ganzen seinen unverkennbaren Geschmack verleihen. So auch in der Sprache: Da machen nicht selten kleine Wörter das Gewürz unserer Sätze aus. Na dann, ab in die Küche! Wir wollen lernen, die Wörtchen *y* und *en* – Salz und Pfeffer der französischen Sprache – richtig zu dosieren!

170 Tu y vas ?

Beantworten Sie die Fragen und verwenden Sie dabei die Wörtchen *y* im Sinne von „dort(hin), hier(hin)" oder *en* im Sinne von „daher". Achten Sie auf die Reihenfolge der Wörter.

1. Tu vas au supermarché tout à l'heure ? – *Non, je n'y vais pas.*
2. Quand vas-tu chez le coiffeur ? – ______________________ *mardi.*
3. Papa est rentré du boulot[1] ? – *Oui,* ______________________
4. Vous partez en France en voyage d'affaires ? – *Non,* ______________________ *en vacances.*
5. Vous allez encore au cours de tennis ? – *Non,* ______________________
6. Ce train vient de Marseille ? – *Oui,* ______________________

[1] boulot *m* (fam.) = Arbeit

> **!** Gar nicht so schwer, oder? Beim Gebrauch von *y* unterscheidet man nämlich nicht zwischen Bewegung und Zustand. Ähnliches gilt auch für Präpositionen wie *en* oder *à*: *je suis / je vais en France, à Paris.* Wenn das keine gute Nachricht ist …

171 Mon petit chien

Übersetzen Sie die Sätze und vervollständigen Sie den Dialog. Verwenden Sie dabei das Wörtchen *en*.

◆ Bonjour monsieur.

● Bonjour madame. Qu'est-ce que je peux faire pour vous ?

◆ Je voudrais un nouveau collier pour mon chien.

● __ _____ __. C'est le tout dernier modèle de la collection hiver.
Hier ist eins. Es ist das allerletzte Modell der Winterkollektion.

◆ Parfait, je le prends. Et je voudrais des biscuits aussi.

● _______ __ voulez-vous ?
Wie viele hätten Sie gerne?

◆ Un petit paquet.

● Comme ça ?

◆ ___, _ __ _________ encore plus.
Nein, ich will noch mehr.

● ______________ __ _ __ __ plus.
Leider habe ich keine mehr.

◆ Tant pis, __ __ _______ ___ __ manger autant.
Na gut, er sollte auch nicht so viele essen.

172 Plus une miette[1] !

Wandeln Sie die folgenden Sätze nach dem Muster um und verwenden Sie dabei das Pronomen *en*.

1. Tu prépares encore un sandwich au jambon ?
   Non, je n'en prépare plus.
2. Tu prends encore une bière ?
3. Tu voudrais encore un peu de frites ?
4. Tu pourrais apporter deux autres cuillères ?
5. Tu achètes encore une bouteille de rosé ?
6. Tu m'as laissé une miette[1] de gâteau ?

[1] miette *f* = Krümel

173 De mauvaise humeur

Vervollständigen Sie die folgenden Sätze mit *y* bzw. *en*.

1. Je n'_____ pense plus !

3. Je ne veux pas _____ parler !

2. Je n'_____ sais rien !

4. Je n'_____ veux pas !

6. Je n'_____ crois pas !

5. Je n'_____ renonce pas !

[1] renoncer = verzichten

> **!** Auch viele feste Redewendungen enthalten *y* oder *en*. In diesem Fall nehmen diese Wörtchen aber keine Ergänzung wieder auf, z. B. *en vouloir à qn* (böse auf jmd. sein), *s'en faire* (sich Sorgen machen), *s'y croire* (angeben).

174 Un peu d'ordre !

Bringen Sie die Wörter in die richtige Reihenfolge. Fügen Sie einen Bindestrich ein, wenn nötig.

1. lui / Je / en / souvent / parle
2. le / veux / ne / pas / dire / te / Je
3. ne / écrit / avons / pas / Nous / leur
4. sans / Allez / moi / y
5. prends / ce / N' / n' / pas, / est / bon ! / en / pas
6. dans / vois / souvent, / y / café / Je / ce / l'

175 J'y pense et puis j'oublie

Übersetzen Sie die Sätze.

1. Trinken Sie Kaffee? – Ja, ich trinke zwei Tassen pro Tag.
2. Denkst du oft an dein Land? – Nein, ich denke nicht sehr oft daran.
3. Fahren Sie mit dem Zug nach Paris? – Nein, wir fahren nicht mehr mit dem Zug hin, wir ziehen das Auto vor.
4. Spricht er von seiner Mutter? – Ja, er spricht von ihr.

8.3 Alles ist relativ?

Relativpronomen

Haben Sie noch nie versucht, Einblicke in die Welt der Relativpronomen mithilfe von Einsteins Relativitätstheorie zu bekommen? Gut so, denn dort werden Sie auch nicht fündig werden. Unsere Relativpronomen sind nämlich felsenfest und das müssen sie ja auch sein – schließlich halten sie ganze Satzgefüge zusammen, indem sie Sätze miteinander verbinden. Ohne sie keine Sprache, ohne Sprache keine Relativitätstheorie ...

176 Le jeu des trois pronoms

Unterstreichen Sie das passende Relativpronomen: *qui, que* oder *où*?

1. Voici l'école (qui / que / où) je suis allée dans ma jeunesse.
2. C'est une évidence (qui / que / où) je ne peux pas remettre en cause !
3. Nous vous recommandons ce film (que / qui / où) vous surprendra.
4. Tu te souviens du temps (qui / que / où) nous étions ensemble ?
5. La cause (qui / que / où) tu soutiens est absolument indéfendable[1].
6. Je rêve d'un quartier (qui / que / où) tous les voisins s'entendraient bien.

[1] indéfendable = unvertretbar

177 Une question de préposition et d'objet

Ergänzen Sie die Sätze passend.

dont (2x) • d'où • par lequel • pour laquelle • de quoi

1. ____________ est-il question dans ce film ?
2. Le chemin ____________ je suis venue, est facile à trouver.
3. C'est une décision ____________ j'ignore les raisons.
4. La raison ____________ Carole n'a pas pu venir n'est pas très crédible.
5. La maison ____________ je rêve est grande, avec une véranda et un grand jardin et tout près du centre-ville.
6. Peux-tu me décrire la région ____________ tu viens ?

178 Lequel, laquelle et lesquel(le)s

Ergänzen Sie die Sätze mit *lequel*, *laquelle* oder *lesquel(le)s* und der passenden Präposition, wo nötig. Achten Sie auch auf die Verschmelzung des Pronomens mit der Präposition.

1. Les amis ____________ nous partons en vacances habitent à Bâle.
2. La fille ____________ tu t'intéresses fait des études avec toi ?
3. Le parc ____________ j'habite est très bien entretenu.
4. L'eau du lac ____________ nous nous baignons est régulièrement contrôlée et très propre.
5. Les personnes ____________ je pense sont tout à fait fiables.
6. ____________ des chiens préfère-t-elle ?

179 Pas facile...

Übersetzen Sie. Achten Sie auf die unterschiedliche Wiedergabe des Relativpronomens „was“.

1. Was die Leute denken, interessiert mich nicht.

   ____

2. Alles, was ich weiß, ist, dass ich nichts weiß.

   ____

3. Das Zimmer ist ziemlich klein, was mir gar[1] nicht gefällt.

   ____

4. Das ist das Schönste, was du jemandem sagen kannst.

   ____

5. Ich lache über[2] das, was sie sagt.

   ____

6. Mein erster Freund wollte mich immer küssen, was aber nicht gerade einfach war ...

   ____

[1] gar nicht = *hier:* pas du tout
[2] lachen über = *hier:* se moquer de

! Aufgepasst! In einem Fall braucht man eine völlig andere Formulierung als im Deutschen. Behelfen Sie sich dabei mit dem Wort *la chose*.

9. Präpositionen

9.1 **Die Dauerbaustelle**
Gebrauch der Präpositionen

9.2 **Das schweißt zusammen**
Präpositionen mit oder ohne Artikel

9.3 **Gut möglich!**
Infinitiv mit oder ohne Präposition

9.1 Die Dauerbaustelle

Gebrauch der Präpositionen

Kaum ein Thema scheint für so viel Verwirrung zu sorgen wie der Gebrauch der Präpositionen. Warum geht man *à la boulangerie*, aber *chez le fleuriste*? Oder warum *en France* und doch *à Paris*? Und wann sind die anderen Präpositionen an der Reihe? Versuchen wir mal, ein wenig Licht ins Dunkel zu bringen. Aber nicht immer dürfen Sie eine logische Erklärung erwarten. Wie bei einer Dauerbaustelle eben …

180 Où es-tu ? Où vas-tu ?

Welche Präposition passt? Tragen Sie die folgenden Wörter in den richtigen Kasten ein und achten Sie auf die Verschmelzung der Präposition mit dem Artikel.

Berlin • la France • l'école • la bibliothèque • le bureau
Afrique • le lit • le Brésil • la plage • la Bretagne
le cinéma • l'Iran

à	au

en

❗ Können Sie eine Regel ableiten?

181 D'où viens-tu ?

Ergänzen Sie die Präposition *de* in der passenden Form.

1. Je reviens ______ Pays-Bas le 20 octobre.
2. À quelle heure rentres-tu ______ boulot ?
3. Le trajet retour ______ Paris a été plein de surprises.
4. Ce vin ______ Bordeaux est à un prix exceptionnel.
5. Hum ... délicieux ces biscuits ______ Angleterre. – Oui, mais attention à la ligne !

> **!** *De* verschmilzt auch mit dem bestimmten Artikel, falls einer vorhanden ist, und wird zu *d'* vor Vokal oder „stummem *h*"!

182 Jogging mental

Ergänzen Sie die Präpositionen *à*, *en* oder *de* in der richtigen Form. Achten Sie auf die Benutzung des bestimmten Artikels.

1. Qu'est-ce que tu feras quand tu seras plus grande ? – Je ne sais pas encore mais après l'école, j'irai ______ université.
2. Donc on vous attend ______ bar dimanche soir ! – Ah bon ? On pensait que nous irions manger ______ restaurant...
3. Mais d'où viennent les tee-shirts des partis politiques français conservateurs ? – Ils sont censés[1] venir ______ France mais si tu regardes bien l'étiquette, ils ont été fabriqués ______ Chine !
4. On va ______ cinema samedi soir ? – Non pour une fois, je préfère aller ______ discothèque.

[1] être censé(e) faire qc = (eigentlich) etw. tun sollen

183 En juillet

Mit welchen Substantiven wird die Präposition *en* noch verwendet? Stellen Sie die Silben zu sinnvollen Wörtern zusammen. Wie lauten die deutschen Entsprechungen?

~~juil-~~ • voi- • voya- • -le • -ton • -ver • -ture • co- • vil-
fa- • -ge • hi- • co- • -mille • -lère • ~~-let~~

en *juillet*	en ____________
en ____________	en ____________
en ____________	en ____________
en ____________	en ____________

184 À cheval

Auch *à* wird vielfältig verwendet. Übersetzen Sie die deutschen Ausdrücke ins Französische.

1.	mit dem Pferd	à *cheval*
2.	bis bald	à ____________
3.	nach provenzalischer Art	à ____________
4.	für einen Euro	à ____________
5.	um 9 Uhr	à ____________
6.	mit dem Fahrrad	à ____________
7.	mit 30 Jahren	à ____________
8.	zu Fuß	à ____________
9.	an Weihnachten	à ____________
10.	ein Weinglas	un ____________

185 Méli-mélo de prépositions

Ergänzen Sie die richtige Präposition (*à, chez, dans, de, en, par, pendant, près de* oder *sur*) – mit oder ohne bestimmten Artikel. Achtung, in einem Fall brauchen Sie gar keine Präposition!

1. Saviez-vous que ____________ église sera bientôt ouvert un magasin d'alimentation ?
2. Évitez le centre-ville aujourd'hui, il y a une manifestation ___________ rue principale et qui devrait finir seulement ____________ plusieurs heures.
3. En prenant la voiture, je peux être ____________ médecin, ____________ un quart d'heure.
4. J'ai commencé une collection[1] d'ours en peluche ____________ 6 ans et je n'ai plus jamais arrêté !
5. Les habitants du quartier ont été mis en garde ____________ police de la multiplication des cambriolages ____________ vacances d'été !
6. Le train régional en provenance ____________ Caen arrivera ____________ voie 2.
7. Où est le chat ? – Il dort au soleil ____________ chaise longue[2] !
8. Aujourd'hui je me suis fait un petit plaisir : j'ai acheté un beau vase chinois ____________ porcelaine pour mon salon !

[1] collection *f* d'ours en peluche = Teddybärsammlung
[2] chaise longue *f* = Liegestuhl

186 Attendre et laisser venir[1]

Ordnen Sie folgenden Ausdrücken die passende französische Entsprechung zu und ergänzen Sie die fehlende Präposition oder den bestimmten Artikel, wenn nötig.

1. am Vormittag	a. ______ midi
2. beim Mittagessen	b. ______ 8 h ______ 17 h
3. seit zwei Stunden	c. ______ une semaine
4. (heute) in einer Woche	d. ______ la matinée
5. von 8:00 bis 17:00 Uhr	e. ______ plusieurs mois
6. bis 18:00 Uhr	f. ______ un mois
7. binnen eines Monats	g. ______ 18 heures
8. vor mehreren Monaten	h. ______ deux heures

1.	2.	3.	4.	5.	6.	7.	8.

[1] attendre et laisser venir = abwarten und Tee trinken

> **!** Im Sinne von „vormittags, nachmittags, abends“ wird keine Präposition gebraucht: *le matin, l'après-midi, le soir.*

187 Encore plus de prépositions

Vervollständigen Sie die folgenden französischen Ausdrücke mit der jeweils passenden Präposition, wenn nötig.

1. ein Kilo Kirschen	un kilo ____ cerises
2. Klavier spielen	jouer ____ piano
3. eine Schweigeminute	une minute ____ silence
4. Fußball spielen	jouer ____ foot
5. gegenüber der Treppe	en face ____ escaliers
6. zehn Kilometer von hier	____ dix kilomètres ____ ici

188 A, dans, par, pour, en, vers, avec, de, sans, sous...[1]

Kreuzen Sie die richtige Präposition an.

1. sich an jmd./etw. erinnern — se souvenir ____ qn/qc
   - ○ de
   - ○ à
   - ○ sur
2. sich in jmd. verlieben — tomber amoureux ____ qn
   - ○ à
   - ○ avec
   - ○ de
3. über jmd./etw. reden — parler ____ qn/qc
   - ○ à
   - ○ sur
   - ○ de
4. sich für etw. interessieren — s'intéresser ____ qc
   - ○ de
   - ○ à
   - ○ pour
5. mit jmd./etw. rechnen — compter ____ qn/qc
   - ○ à
   - ○ avec
   - ○ sur
6. über etw. nachdenken — réfléchir ____ qc
   - ○ à
   - ○ sur
   - ○ de
7. sich um jmd./etw. kümmern — s'occuper ____ qn/qc
   - ○ sur
   - ○ de
   - ○ à
8. es geht um jmd./etw. — il s'agit ____ qn/qc
   - ○ à
   - ○ de
   - ○ sur

[1] *Adam part pour Anvers avec deux cent sous...* So fängt die melodische Aneinanderreihung der wichtigsten französischen Präpositionen an, wie sie von französischen Kindern gelernt werden.

189 Ils sont tombés sur la tête ![1]

Präpositionen sind nicht immer eine Frage der Logik, sondern auch des Sprachgebrauchs. Unterstreichen Sie jeweils die richtige Präposition.

1. Il a trouvé ce portefeuille (sur / dans) la rue.
2. Il était assis (sur / dans) un fauteuil et fumait le cigare.
3. Attention : tes clefs étaient encore restées (sur / dans) la porte !
4. Vous avez lu cette information (sur / dans) Internet ?
   – Non, je l'ai entendue (à / dans) la télé.
5. C'était bien vos vacances (à / dans) la campagne ?
6. J'ai toujours mes papiers (avec / sur) moi quand je sors.

[1] tomber sur la tête = verrückt werden

190 Le curieux[1]

Formulieren Sie zu den Antworten jeweils eine passende Frage in der Du-Form. Achten Sie auf die Kombination von Präposition und Fragewort.

1. *Avec qui tu sors ?* Je sors avec un ami.
2. ________________ Je vais dîner chez mon frère.
3. ________________ Il pense toujours à ses problèmes.
4. ________________ Je parle du film « Intouchable ».
5. ________________ Les clefs ? Je les ai données aux voisins.

[1] curieux = neugierig

9.2 Das schweißt zusammen

Präpositionen mit oder ohne Artikel

Wann folgt auf eine Präposition der Artikel, wann nicht? Für dieses heikle Thema ist ein Trainingsprogramm in drei Phasen angesagt: Aufwärmen (in welchen Verbindungen kommt *kein* Artikel vor?), Belastung (hier muss man von Fall zu Fall unterscheiden) und schließlich das große Finale (hier können Sie das Gelernte locker anwenden). Sind Sie startklar?

191 Un, deux, trois...[1]

Ergänzen Sie die passende Präposition: *à, en, par, sans* oder *sur*? Anders als im Deutschen steht hier kein (bestimmter) Artikel.

1.	im / zum Unterricht	_____ cours
2.	mit dem Fahrrad	_____ vélo
3.	im / in Urlaub	_____ vacances
4.	bis morgen	_____ demain
5.	auf dem Boden	_____ terre
6.	in der / die Stadt	_____ ville
7.	auf der Flucht	_____ fuite
8.	zum Beispiel	_____ exemple
9.	in der / die Sitzung	_____ réunion
10.	im / ins Internet	_____ Internet

[1] Un, deux, trois... = Auf die Plätze ...

> **!** Wenn das Substantiv näher bestimmt ist, dann steht oft auch der Artikel. So sagt man zwar *à vélo*, aber *avec le vélo de mon frère*.

192 ...Prêt[1] ?

Ergänzen Sie jeweils die angegebene Präposition – mit oder ohne bestimmten Artikel. Achten Sie auch darauf, ob der Artikel mit der Präposition verschmilzt oder nicht.

1. Comme il habite ________ cinéma, il y va presque tous les soirs !
2. J'ai écrit un livre ________ mon grand-père. Sans son aide, je n'aurais jamais pu le faire.
3. André n'est pas ________ maison, il est ________ Philippe.
4. C'est le bureau ________ M. Gauthier ? – Non, c'est celui ________ directeur !
5. Il participe bientôt ________ tournoi[2] de tennis de sa ville.

à côté de
sur
à
chez
de (2x)
à

[1] ...Prêt ? = Fertig? [2] tournoi *m* = Turnier

193 ...Partez ![1]

Und nun kommt Ihr großer Auftritt ... Ergänzen Sie die passenden Präpositionen – mit oder ohne bestimmten Artikel.

1. C'est à qui ce vélo ? – C'est ________ un de mes amis.
2. Monsieur Roussel est absent. Il est ________ vacances ________ 1er septembre.
3. Il vous appellera quand il reviendra ________ États-Unis.
4. J'ai trouvé cette annonce ________ Internet.
5. Tu veux que je t'emmène ? – Non merci, je pars ________ taxi.
6. Vous vous intéressez ________ questions de mécanique ? – Ah non, je n'y comprends rien !
7. Ce magasin est ouvert ________ lundi ________ samedi.
8. J'adore les fromages ________ Suisse.

[1] ...Partez ! = ... Los!

9.3 Gut möglich!

Infinitiv mit oder ohne Präposition

„Ist es möglich, zu ...?" Auf den ersten Blick scheint es eine klare Sache: In Fällen wie diesen übernimmt die Präposition *de* die Rolle des Wörtchens „zu". Käme nicht auch die Präposition *à* infrage oder gar keine Präposition? Das entscheidet jeweils der Sprachgebrauch und der meint es leider nicht immer gut mit den deutschsprachigen Lernenden ...

194 De bonnes résolutions[1]

Wählen Sie jeweils die passende Präposition aus.

« Ça suffit ! Cette année, je change de vie ! Je voudrais me regarder dans la glace sans avoir honte ! » Je me souviens (1.) (à / d') avoir dit exactement cela à mon épouse le soir du Nouvel An.
Le premier jour de l'année j'ai commencé (2.) (à / de) faire du sport dans un centre proche de la maison. Le second jour, j'ai arrêté (3.) (à / de) fumer. Le troisième jour je suis retourné au centre de sport puis j'ai continué (4.) (à / de) faire un jogging dans la rue, espérant rencontrer un ami qui m'inviterait dans un bar. Le quatrième jour, je n'ai pas réussi (5.) (à / de) monter l'escalier de la maison et j'ai dû prendre l'ascenceur. Le cinquième jour, j'ai compris qu'à un certain âge, il n'était vraiment pas facile (6.) (à / de) faire du sport comme il faut. Le sixième jour, je suis passé devant une pâtisserie et un bureau de tabac. J'avais terriblement envie (7.) (à / de) manger un éclair au chocolat et (8.) (à / de) fumer une cigarette ! Le septième jour, j'ai décidé (9.) (à / de) jeter[2] mon miroir à la poubelle...

[1] résolution *f* = Vorsatz
[2] jeter à la poubelle = wegwerfen

195 Piège[1] à touristes

Übersetzen Sie.

1. Morgen werden Sie in den Urlaub fahren.

   ____

2. Er möchte sich erholen.

   ____

3. Sie denkt, dass sie im Meer schwimmen kann.

   ____

4. Sie hoffen, neue Leute kennenzulernen.

   ____

5. Sie stellen sich vor, ein Zimmer mit Meerblick zu haben.

   ____

6. Das Zimmer ist dunkel, sie müssen die Vorhänge[2] aufmachen.

   ____

[1] piège *m* à touristes = Touristenfalle
[2] rideau *m* = Vorhang

10. Verben

10.1 **C'est qui ? Il y a quelqu'un ?**
Die Ausdrücke c'est und il y a

10.2 **Reine Formsache**
Reflexive Verben

10.3 **Auf Beugen und Brechen**
Verbkonjugationen

10.4 **Die Mischung macht's**
Zusammengesetzte Verbformen

10.5 **Geht es auch direkter?**
Verben mit direktem (Akkusativ) oder indirektem Objekt (Dativ)

10.6 **Niemand ist perfekt**
Passé composé oder imparfait ?

10.7 **Was in den Sternen steht**
Das Futur

10.8 **Befiehl mir was!**
Der Imperativ

10.9 **Das Phantom der Verben**
Das gérondif

10.10 **Nicht nur Tatendrang**
Das Passiv

10.11 **Mit Gefühl**
Der subjonctif

10.12 **Mit Wenn und Aber**
Der conditionnel

10.13 **Stille Post**
Indirekte Rede und Zeitenfolge

10.1 C'est qui ? Il y a quelqu'un ?

Die Ausdrücke c'est und il y a

Diese scheinbar harmlosen Ausdrücke werden im Französischen sehr häufig verwendet, bergen aber mehr Gefahrenpotenzial, als man annehmen würde. Daher widmen wir ihnen ein ganzes Kapitel.

196 Qu'est-ce que c'est ?

Ergänzen Sie mit *c'est / ce sont* oder *c'était*. Achtung: in einem Satz sind zwei Lösungen möglich.

1. ______________ un paquet pour vos voisins. Vous le prenez ?
2. ______________ une très belle histoire que nous venons d'entendre.
3. ______________ des questions que nous étudierons la semaine prochaine.
4. Pierre et Anne, ______________ vous qui avez découvert le trésor[1] en faisant de la plongée ?
5. ______________ 150 € ces chaussures ?
6. Maman, j'ai ramené des copains à la maison. – Oui mais qui est-ce ? – ______________ Timo et Dorian.

[1] trésor *m* = Schatz

> **!** Der Ausdruck *c'est … qui …* dient v.a. im mündlichen Französisch dazu, einen Satzteil hervorzuheben. Bitte beachten Sie dabei, dass sich das Verb an das Subjekt anpasst: *C'est* ***moi*** *qui t'****ai*** *appelé.* (Ich bin's, der dich angerufen hat.)

197 C'est ou il est ? C'est là la question.

Kreisen Sie die richtige Form ein.

1. Qu'est-ce que c'est ? – (Ce / Ils) sont des histoires drôles.
2. Connaissez-vous l'un des auteurs les plus célèbres de bandes-dessinées ? (C' / Il) est belge et il a inventé Tintin et Milou.
3. (C' / Il) est mon cousin : (c' / il) est beau, (c' / il) est intelligent et (c' / il) est... divorcé !
4. Mes stagiaires arrivent demain pour leur formation. (Ce / Ils) sont chinois. (Ce / Ils) sont des architectes de Hong-Kong.
5. (C' / Il) est Akiak. (C'/ Il) est courageux.

198 Il y a... le ciel, le soleil et la mer

Lesen Sie die Sätze und unterstreichen Sie die richtige Alternative.

1. (C'étaient / Il y avait) beaucoup de touristes à Paris cet été.
2. (C'est / Il y a) une voiture devant notre garage. (C'est / Il y a) la voiture de notre voisin d'en face.
3. Dans mon jardin, (c'est / il y a) une petite terrasse, une chaise-longue et... c'est tout !
4. (Ce sont / Il y a) mes photos de mariage. Elles sont belles, non ?
5. (Ce sera / Il y aura) sûrement beaucoup de monde à la piscine ce soir, il fait tellement chaud.

ϟ 199 Il était une fois...

Ergänzen Sie mit dem richtigen Ausdruck aus dem Kasten in der passenden Zeitform.

c'est • il est • il y a (4x)

1. ____________ une fois un roi et une reine qui se désespéraient de n'avoir point d'enfants.
2. ...et puis ____________ une grande explosion et nous sommes partis en courant.
3. ____________ encore des choses que tu pourrais faire, si tu en avais envie.
4. ____________ de ta faute quand il n' ____________ plus rien à manger, tu manges comme un goinfre[1].
5. J'ai comme l'impression qu' ____________ un virus au bureau...

[1] goinfre *m* = Fresssack

10.2 Reine Formsache

Reflexive Verben

Ob beim Blind Date oder beim Geschäftsmeeting, was zählt, ist der erste Eindruck – auch in Frankreich. Das fängt schon bei der Vorstellung an: Auf die Frage nach Ihrem Namen sollten Sie unbedingt *Je m'appelle...* antworten und nicht nur *J'appelle...* Anders als „heißen" ist das Verb *s'appeler* nämlich reflexiv. Am besten Sie sehen gleich in diesem Kapitel nach, welche weiteren Tücken die reflexiven Verben für Sie bereithalten. Das kann Ihren Auftritt retten ...

200 S'évanouir

Ergänzen Sie die reflexiven Verben im Indikativ Präsens.

se souvenir • se moquer • s'évanouir • s'enrhumer

1. En été, avec la climatisation et les changements de température on ________________ aussi très facilement.
2. Mais où sont nos passeports ? Je ne ________________ plus du tout, où je les ai mis.
3. Tu as passé toute la soirée au travail ? Tu ________________ de moi ou quoi ?
4. Leur peur du noir ________________ quand on laisse une petite lumière.

201 « Appeler » ou « s'appeler » ?

Reflexiv oder nicht reflexiv? Ergänzen Sie – wo nötig – das passende Reflexivpronomen. In welchem Fall sind beide Varianten möglich?

1. L'autobus ne ___ est pas arrêté. – Alors on ___ appelle un taxi ?
2. Tu ne peux pas aller avec ces vêtements à l'opéra ! Tu dois absolument ___ changer.
3. Pour aller à la gare, vous devez ___ changer de métro au prochain arrêt.
4. Quel idiot... Je ne ___ souviens jamais de mon code...
5. Nous devons ___ lever très tôt demain matin.
6. Comment va ta mère ? – Elle ___ porte mieux, heureusement.

202 J'ai bien réfléchi !

Übersetzen Sie die folgenden Sätze und benutzen Sie dabei die angegebenen Wörter. Vermeiden Sie aber reflexive Verben!

remercier • patienter • retard • changer • réfléchir

1. Leider hat er sich etwas verspätet.

   ____

2. Wir wollten uns bei dir für das Geschenk bedanken.

   ____

3. Du musst dich noch ein wenig gedulden.

   ____

4. Ich habe es mir gut überlegt.

   ____

5. In letzter Zeit[1] hat sich mein Mann sehr verändert.

   ____

[1] ces derniers temps *mpl* = in letzter Zeit

203 Notre Bettina

Setzen Sie die angegebenen Verben ins *passé composé*.

Bonjour à tous !

J'espère que quelqu'un pourra nous donner un bon conseil à ma femme et à moi... Bettina, qui a 5 ans, est tombée amoureuse et depuis, elle a un comportement un peu étrange. Lequel ? Bah, hier matin par exemple, elle ne (1.) (se lever) ______________ pas ______________ pour nous faire la fête[1] comme elle le fait d'habitude ! Ou aujourd'hui (2.) elle ______________ (se coucher) dans sa corbeille[2] et elle y est restée toute la journée ! L'autre jour, elle (3.) (s'enfuir) ______________ pour aller le retrouver. Heureusement, elle (4.) ne (se perdre) ______________ pas ______________ et elle (5.) ne (se faire) ______________ pas ______________ mal ! Naturellement, nous (6.) (se faire) ______________ beaucoup de souci. Mais comme elle (7.) (se mettre) ______________ en colère quand nous sommes allés la chercher ! Les deux amoureux (8.) (se rencontrer) ______________ il y a quelques jours dans le jardin public près de notre maison. Depuis ils (9.) ______________ (se revoir) pratiquement tous les jours. Vous ne (se trouver) (10.) ______________ jamais ______________ dans une situation semblable ?

Ah, j'oubliais : Bettina est un cocker de race pure et lui, c'est un jeune labrador de 3 ans.

[1] faire la fête = *hier:* herzlich begrüßen
[2] corbeille *f* = Korb

204 Ils se sont demandés

Gleichen Sie die Partizipien an, wenn nötig.

1. Elles se sont terriblement ennuyé_____ au mariage de leur cousine.
2. Anna s'est déjà lavé_____ les mains avant de manger ?
3. Deux ans après s'être pacsé[1]_____, ils se sont acheté_____ un petit appartement dans le centre ville.
4. Je me suis offert_____ une voiture hier. – Non, tu plaisantes, Nathalie ? – Mais non, regarde, c'est celle-ci, la seat noire que je me suis payé_____.
5. Allo Pauline ? Je viens d'apprendre que tu t'es fait_____ opérer d'urgence ? Comment vas-tu ?
6. J'ai l'impression qu'on s'est trompé_____ d'île !

[1] se pacser = einen PACS miteinander abschließen

Wo steht das Reflexivpronomen bei einer Imperativform? Welche Rolle spielt die Verneinung dabei? Das sind gute Fragen, nicht wahr? Eine gute Antwort finden Sie in Übung 230!

10.3 Auf Beugen und Brechen

Verbkonjugationen

Ohne Fleiß kein Preis! Wollen Sie unbedingt Herr der französischen Verbformen werden? Dann erwartet Sie hier ein Parcours mit steigendem Schwierigkeitsgrad über die kniffligsten Probleme der französischen Verbkonjugationen. Die Belohnung kommt am Ende – dann werden Sie von sich selbst mit Stolz behaupten können: gebeugt, aber nicht gebrochen!

205 Je conjugue...

Kreuzen Sie die Verben an, die den Stamm im *présent de l'indicatif* in der 1., 2. und 3. Person Singular und in der 3. Person Plural ändern, und ergänzen Sie jeweils die Verben in der genannten Person.

1.	habiter	○	j'	____________
2.	envoyer	○	tu	____________
3.	dormir	○	il	____________
4.	acheter	○	elle	____________
5.	préférer	○	on	____________
6.	sentir	○	nous	____________
7.	finir	○	vous	____________
8.	appeler	○	ils	____________
9.	étudier	○	elles	____________
10.	réfléchir	○	nous	____________

> **!** Manche Verben haben sogar drei Stämme im Präsens. Es sind nicht viele, aber sie werden sehr häufig benutzt. Wissen Sie noch, wie z. B. das Verb *devoir* gebeugt wird? Zum Thema der unregelmäßigen Verben können Sie sich in den Übungen 206 und 207 weiter testen.

206 Tout ce qui se ... bien, s'énonce clairement

Schreiben Sie die jeweils passende Form der unten angegebenen Verben in die Kästchen. Im schattierten Feld ergibt sich das fehlende Wort für die obige Redensart.

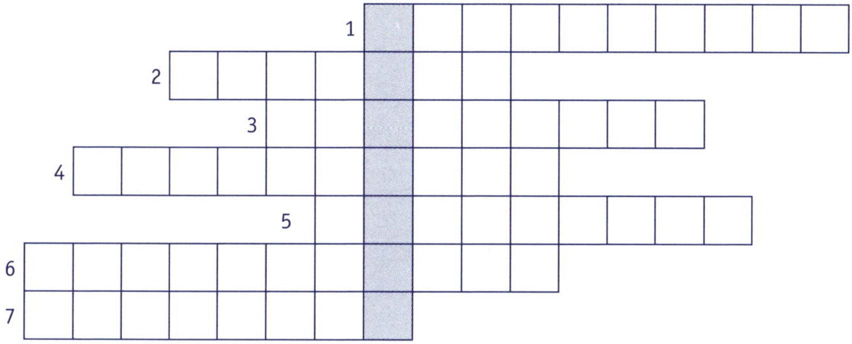

1. corriger / imparfait : je ...
2. nager / présent : nous ...
3. renoncer / présent : nous ...
4. commencer / imparfait : tu ...
5. voyager / présent : nous ...
6. engager[1] / imparfait : ils ...
7. effacer / imparfait : elle ...

[1] engager qn = jmd. einstellen

207 Verbes irréguliers

Vervollständigen Sie das Kreuzworträtsel mit den richtigen Formen der angegebenen Verben im Indikativ Präsens.

Waagerecht:
1 ouvrir (j')
2 savoir (tu)
3 prendre (ils)
4 plaire (vous)
5 dire (vous)

Senkrecht:
1 écrire (elles)
2 pouvoir (on)
3 faire (nous)
4 boire (nous)
5 croire (vous)

208 Métamorphose

Folgen Sie den Beispielen und wandeln Sie die Verbform ausschließlich nach der Vorgabe um. Überprüfen Sie Ihre Lösungen am besten jeweils nach sechs Feldern.

DÉPART *je ferais* Conditionnel	1 *je devrais* Verb *devoir*	2 *je devrai* Futur	3 *il devra* 3. Pers. Sing.	4 ______ Verb *aller*
15 ______ Verb *recevoir*	16 ______ Futur	17 ______ 3. Pers. Pl.	18 ______ Verb *voir*	5 ______ *conditionnel*
14 ______ 2. Pers. Pl.	23 ______ Futur	**ARRIVÉE** ______ Verb *faire*	19 ______ *conditionnel*	6 ______ Verb *vouloir*
13 ______ Verb *avoir*	22 ______ Verb *pouvoir*	21 ______ 2. Pers. Sg.	20 ______ Verb *savoir*	7 ______ Verb *être*
12 ______ *conditionnel*	11 ______ 1. Pers. Pl.	10 ______ Verb *venir*	9 ______ 1. Pers. Sg.	8 ______ Futur

! Erster Joker: Bei unregelmäßigen Verben bildet man sowohl den *conditionnel présent* als auch das *futur simple* ausgehend vom selben Verbstamm. Zweiter Joker: Verben auf *-re* behalten ihren Verbstamm bei, nur das *-e* des Infinitivs verschwindet (z. B. *boire* → *je boirai*).

209 Quiz final

Ordnen Sie die Verbformen richtig zu. Beachten Sie, dass einige Verbformen in zwei unterschiedliche Kategorien gehören.

indicatif présent	*subjonctif présent que…*	*imparfait*	*futur*	*conditionnel*
___	___	___	___	___
___	___	___	___	___
___	___	___	___	___
___	___	___	___	___
___	___	___	___	___
___	___	___	___	___

il vient · il boirait · ils achetaient · nous serons

nous aimons · il vienne · je mange · ils achèteraient

ils ont · vous vendiez · tu préférais · j'irais · ils aient

vous parleriez · nous aimions · ils finissent · tu préfèreras

il buvait · vous vendez · j'irai · nous serions · vous parlerez

ils achèteront · tu préfèrerais · il boira · j'allais

10.4 Die Mischung macht's

Zusammengesetzte Verbformen

Und nun zur Bastelstunde! Erstens: Formen Sie Ihre Verben so geschickt, dass das richtige Partizip daraus entsteht. Zweitens: Beschaffen Sie sich das passende Hilfsverb, damit die Verbindung mit dem Partizip gut hält. Drittens: Geben Sie Ihrem Werk den letzten Schliff, indem Sie weitere Wörter an der richtigen Stelle einbauen. Alles klar? Dann Ärmel hoch und ab ins Verb-Atelier!

210 Le puzzle des participes

Mithilfe der Silbenliste finden Sie das *participe passé* folgender Verben wieder. Welches unregelmäßige Verb hat ein regelmäßiges Partizip?

ve- • é- • ré- • vé- • é- • fi- • al- • com- • ou- • a-

-pon- • -che-

-crit • -du • -ni • -nu • -pris • -vert • -té • -lé • -cu • -té

1.	écrire	________	2.	venir	________
3.	finir	________	4.	être	________
5.	répondre	________	6.	acheter	________
7.	aller	________	8.	vivre	________
9.	comprendre	________	10.	ouvrir	________

! Schon gemerkt? Die meisten Verben auf *-er* sind regelmäßig!

211 Attention à la forme

Ordnen Sie die Verben mit einem ähnlich lautenden *participe passé* dem entsprechenden Kasten zu.

devoir | lire | craindre | offrir | détruire
comprendre | pouvoir | atteindre | couvrir | apprendre
suivre | prendre | rejoindre[1] | conduire | faire
savoir | surprendre | poursuivre | peindre
rire | vouloir | plaindre | produire | souffrir[2]
entreprendre | dire | suffire | ouvrir | sourire | découvrir

fait	*atteint*	*pris*
lu	*ouvert*	*ri*

[1] rejoindre = treffen
[2] souffrir de qc = an/unter etw. leiden

212 E, I, U…

Unterstreichen Sie jeweils die richtige Form des Partizips.

1. Quelle est la capitale européenne qui t'a (plu / plue) le plus ?
2. Dimanche dernier, mon mari et moi, nous n'avons rien (fait / faits) de particulier, nous sommes (resté / restés) à la maison toute la journée.
3. Hans et Beate sont passionnés d'architecture et d'histoire : je crois qu'ils se sont (rencontré / rencontrés) pour la première fois au château de Versailles.
4. J'ai (rencontré / rencontrés) des personnes très sympathiques pendant l'enterrement de vie de garçon[1] d'Antoine.
5. Mon dieu, mais vous avez (pris / prises) toutes ces photos hier soir ?
6. La lettre que tu m'as (écrit / écrite) à la mort de mon père m'a beaucoup (touché / touchée).
7. Il n'y a aucun doute là-dessus : la partie a (été / étée) difficile, tous les joueurs se sont durement (battu[2] / battus).

[1] enterrement *m* de vie de garçon = Junggesellenabschied
[2] se battre durement = hart kämpfen

❗ Beim Hilfsverb *être* nimmt das Partizip die Endung *-es* an, wenn es sich um eine reine Frauengruppe handelt. Ein einziger Mann reicht aus, … um die Endung zu kippen (*-es* wird *-s*)!

213 Vous avez tout fait ?

Beantworten Sie die Fragen nach dem Muster.

1. Vous avez fait tous vos devoirs ? – Oui, *nous les avons faits.*
2. Mme Gauthiers, vous avez reçu tous mes mails ? –
   Non, ______________________
3. Vous avez acheté les chocolats ? – Mais bien sûr, ______________________
4. Est-ce que Hélène a pris les clefs de la maison ? –
   Oui, ______________________
5. La femme de ménage vient demain : vous avez rangé votre chambre ?
   – Oui, ______________________

214 Être ou avoir ?

Vervollständigen Sie das Verb im *passé composé*, indem Sie das passende Hilfsverb (*être* oder *avoir*) ergänzen.

1. Aïe ! J'ai mal aux pieds ! Aujourd'hui, j'______ marché pendant plus de cinq heures ! – Ah, oui ? Et tu ______ allé où ?
2. Dans sa jeunesse, mon oncle ______ beaucoup voyagé. Il ______ même vécu deux ans au Sénégal.
3. Bravo ! Vous ______ nagé les 100 mètres en moins de deux minutes !
4. Et Papa, tu ______ vu la nouvelle tablette que j' ______ achetée ? – Pas mal ! Mais elle ______ coûté combien ?
5. Ouf, nous ______ fini d'écrire les deux cents pages de notre mémoire, nous pourrons partir l'esprit tranquille en vacances !

> **!** Welches Hilfsverb verlangen die reflexiven Verben wie z. B. *se lever*? Überprüfen Sie Ihre Antwort mithilfe von Übung 203!

215 Être et avoir…

Wählen Sie jeweils das passende Verb aus.

1. ◆ Bonjour Séverine, ça va ?
   ● Très bien.
   ◆ Et Papa ?
   ● Il (a retourné / est retourné) au bureau, il a oublié son portefeuille.
2. Regarde les gros nuages noirs dans le ciel ! Un bel orage s'annonce. Heureusement (j'ai déjà rentré / je suis déjà rentré) mon vélo. Mais Samuel, lui n'(a pas encore rentré / est pas encore rentré), j'espère qu'il a son parapluie !
3. ◆ C'était comment le Canada ? Vous (avez passé / êtes passés) de bonnes vacances ?
   ● Super, les parcs naturels sont absolument magnifiques. Nous (avons aussi passé / sommes aussi passés) par Paris pour prendre l'avion et pendant notre hâlte nous (avons monté / sommes montés) les 1665 marches[1] de la Tour Eiffel à pied !
4. Tu (as déjà sorti / es déjà sorti) la viande du congélateur ? – Non, cela m'(a complètement sorti / est complètement sorti) de la tête.
5. Nous (n'avons pas retourné / ne sommes pas retournés) notre déclaration d'impôt[2]. C'est très urgent maintenant.

[1] marche *f* = Stufe
[2] déclaration d'impôt *f* = Steuererklärung

> **!** 90 % der Verben bilden das *passé composé* mit *avoir* und sind transitive Verben.

216 Chaque mot à sa place

Bringen Sie die Wörter in die richtige Reihenfolge. Achten Sie auf die Stellung der Adverbien *encore, jamais, déjà* usw.

1. théorie / Cette / a / été / jamais / n' / prouvée[1]

   ____

2. à / Demain, / serons / à / heure, / déjà / cette / arrivés / Thiers / nous

   ____

3. pas / fini / n' / Attends, / ai / encore / je

   ____

4. n' / pas / ce / toujours / voulu / est / avez / que / savoir / Ce / vous

   ____

5. déja / vu / Sacré-Cœur / le / près / Tu / de / as

   ____

6. a / Ton / peine / touchée / et / à / t' / pleures / tu / frère

   ____

[1] prouver = beweisen

217 Génération numérique ?

Beantworten Sie die Fragen. Verwenden Sie dabei die passenden Verneinungswörter und achten Sie auf deren richtige Stellung.

1. Papi, tu as déjà téléchargé quelque chose sur Internet ?	Non, *je n'ai encore jamais rien téléchargé sur Internet.*
2. Et tu as déjà rencontré quelqu'un sur Internet ?	Non, ______________________________
3. Tu as déjà chatté avec quelqu'un sur Internet ?	Non, ______________________________
4. Tu as déjà twitté quelque chose au moins ?	Non, ______________________________
5. Mais à quelle époque tu vis, Papi ?! Tu écris encore des télégrammes ?	Non, ______________________________ il y a les textos maintenant !

10.5 Geht es auch direkter?

Verben mit direktem (Akkusativ) oder indirektem Objekt (Dativ)

Hat Ihr Franzose um die Ecke schon einmal mit einem freundlichen „Ich danke Sie" Ihr großzügiges Trinkgeld angenommen? Wenn ja, dann liegt es wohl daran, dass *remercier* – anders als „danken" – ein direktes Objektpronomen verlangt. *Je vous remercie !* – das hatte wohl Ihr *chef de cuisine* im Kopf ...

218 Le, la, les ou lui, leur ?

Unterstreichen Sie das richtige Pronomen.

1. Tes parents sont toujours très gentils avec moi : je voudrais (les / leur) remercier personnellement.
2. Décidément tout va trop vite dans ce film : l'action, les personnages... Je ne peux pas (le / lui) suivre même avec des sous-titres[1] !
3. Tu viens faire un pique-nique avec nous dimanche ? – Dommage, ma sœur déménage et je vais (l' / lui) aider à faire les cartons.
4. Mon cousin est gentil mais trop absent avec sa filleule[2] : il a oublié de (la / lui) féliciter pour son mariage !
5. Paul et Louise ont une conversation très intéressante. Euh, enfin c'est plutôt lui qui est tout ouïe[3] : il (l' / lui) écoute très attentivement. Et elle ... monologue !

[1] sous-titre *m* = Untertitel
[2] filleule *f* = Patenkind
[3] être tout ouïe = ganz Ohr sein

Die Objektpronomen in der 1. und 2. Person Singular und Plural lauten *me, te* (bzw. *m', t'*), *nous, vous* – egal, ob sie direkt oder indirekt sind.

219 Je vous demande pardon !

Ergänzen Sie das passende Objektpronomen. Vorsicht, hier geht das Französische den indirekten Weg, das Deutsche den direkten.

1. Et Hélène, tu sais ce qu'elle en pense ? – Ben, non, il faut ____ demander !
2. Ça va mieux entre Aliénor et ses parents ? – Pas vraiment, elle ____ ment sans arrêt pour pouvoir faire ce qu'elle veut.
3. Le directeur est déjà arrivé ? – Non pas encore. – Dites-lui quand il arrive s'il vous plaît que je voudrais ____ parler.
4. Mon nouveau voisin met toujours la musique très fort. Maintenant ça suffit, je vais ____ téléphoner et il va m'entendre[1] !

[1] il va m'entendre = er kriegt etwas von mir zu hören

220 Je vous remercie !

Übersetzen Sie.

1. Herr Garnier, ich danke Ihnen sehr!

   ____

2. Was hat der Lehrer gesagt? Hast du ihm zugehört?

   ____

3. Darf ich Sie etwas fragen?

   ____

4. Wenn meine Freundinnen mich brauchen, helfe ich ihnen immer.

   ____

5. Ich rufe Sie morgen an.

   ____

6. Sie nehmen die erste Straße rechts und folgen ihr bis zur Kreuzung.

   ____

7. Katia hat sie belogen, um abends ausgehen zu können.

   ____

10.6 Niemand ist perfekt

Passé composé oder imparfait?

Personne n'est parfait... Im Französischen gibt es sogar eine Vergangenheitsform, die eben das ausdrückt: das Unvollkommene, das Nicht-Abgeschlossene, das *imparfait* eben. Vergessen Sie am besten gleich den Unterschied zwischen „ich habe gemacht" und „ich machte" – denn der hilft Ihnen dabei leider nicht weiter.

221 Quelle est la plus grosse bêtise ?

Wer hat es toller getrieben? Setzen Sie die angegebenen Verben ins *passé composé* oder ins *imparfait*.

Avez-vous déjà fait de très grosses bêtises ?

● Oui naturellement ! Je me souviens que, quand j' (1.) ________________ (être) enfant de chœur[1], un jour, avant la messe, j' / je (2.) ________________ (manger) toutes les hosties qui (3.) ________________ (être) sur l'autel !

■ À 4 ans, je (4.) ________________ (sortir) de la maison tout seul parce que j' / je (5.) ________________ (vouloir) absolument m'acheter un jeu. J' / Je (6.) ________________ (entrer) dans un magasin, j' (7.) ________________ (indiquer) au commerçant le jeu qui (8.) m'________________ (intéresser) mais l'homme (9.) ________________ (se mettre) à rire. Pourquoi ? Et bien, j' (10.) ________________ (avoir) seulement cinq francs pour payer !

◆ Savez-vous ce que j'ai fait ? Comme j' (11.) ________________ (aimer) beaucoup dessiner, un jour j' / je (12.) ________________ (prendre) le rouge à lèvres[2] de ma mère et j' / je (13.) ________________ (dessiner) un beau soleil rouge... sur le mur[3] du salon ! :-)

[1] enfant *m* de chœur = Messdiener [2] rouge *m* à lèvres = Lippenstift [3] mur *m* = Wand

222 Qu'est-ce qui est arrivé ?

Ergänzen Sie jeweils das passende Verb und setzen Sie es ins *passé composé* oder *imparfait*.

prendre • manger • tricoter[1] • avoir • être (2x) • sonner
bricoler • arriver • passer • voir • commencer

1. Je ________________ par la forêt de Rambouillet en voiture, quand j'________________, soudain, un kangourou traverser la rue !
2. Dimanche soir, pendant que je ________________ mon bain, j'________________ une idée vraiment fantastique.
3. J'________________ encore en train de lire le journal quand nos amis ________________ à l'improviste[2]. Quand il ________________ à pleuvoir, nous ________________ en train de prendre l'apéritif dans le jardin. Pendant que nous ________________, le téléphone ________________ sans arrêt[3]. Quelle soirée !
4. Elle ________________ un pull pendant qu'il ________________.

[1] tricoter = stricken [2] à l'improviste = unerwartet [3] sans arrêt *m* = pausenlos

223 Je ne voulais pas, mais...

Wählen Sie jeweils die passende Zeitform. Achten Sie darauf, ob die Handlung tatsächlich stattgefunden hat oder nicht.

1. (Je voulais / J'ai voulu) offrir aux miens un service de cuisine, mais mon mari (voulait / a voulu) absolument acheter un tableau.
2. Mais est-ce que vous (ne deviez pas / n'aviez pas dû) aussi passer chez le notaire ? – Oui mais nous (ne pouvions pas / n'avons pas pu), nous n'avons pas eu le temps.
3. Mais, tu (pouvais / as pu) au moins me dire merci !
4. ...finalement il (devait / a dû) admettre[1] que c'était lui !

[1] admettre = zugeben

224 Vacances en France

Übersetzen Sie die Sätze und vervollständigen Sie den Dialog.
Achtung: Umdenken ist hier gefragt!

◆ Salut Petra ! Quel plaisir de te revoir ! Comment se sont passées les vacances ?

● ______________________________

Gut, danke. Ich war in Frankreich.

◆ ______________________________ exactement ?

Wo warst du genau?

● D'abord ______________________________

Zunächst war ich am Meer, an der Côte d'Azur …

Et puis ______________________________

und dann bin ich nach Paris gefahren.

____

Das war eine lange Reise, …

____

… aber sie hat mir sehr gut gefallen!

225 Tu savais que… ?

Ergänzen Sie die Sätze mit den Verben *savoir* oder *connaître* im *passé composé* oder *imparfait*.

1. Vous ________________ que Pierre a trouvé du travail maintenant ? – Oui, tu viens de nous l'apprendre !
2. Ses parents ________________ deux jours avant la cérémonie que Claire allait se marier !
3. Mon mari et moi, nous avons fréquenté la même école mais en ce temps-là, nous ne nous ________________ pas encore. Nous nous ________________ bien plus tard, à l'université !

10.7 Was in den Sternen steht

Das Futur

Wüssten Sie auch gern, ob Sie bald eine 1 plus mit Sternchen in Französisch bekommen? Wir sind überzeugt davon, wenn Sie weiter so fleißig üben!

226 Le futur dans tous ses états

Ergänzen Sie die Verben in der korrekten Zeitform (Präsens oder Futur). Welchen Schluss können Sie daraus ziehen?

1. Quand je (être) ________ grand, je (être) ________ policier.
2. Et avec ceci ? – C' / Ce (être) ________ tout, merci.
3. Nous (aller) ________ au cinéma demain.
4. Vous (faire) ________ vos devoirs avant le repas.
5. Appelle-moi quand tu (savoir) ________ ce qu'il en (être) ________.
6. Si tu ne (réserver) ________ pas ta place dans le train, tu ne (pouvoir) ________ pas t'asseoir.
7. Tu ne (tuer) ________ point.

227 Projets

Unterstreichen Sie jeweils die Zeitform, die besser passt. Welche Zeitform würden Sie im Deutschen verwenden?

1. Un jour, (je vais aller / j'irai) au Canada.
2. Ce week-end, enfin l'été (va être / sera) là : temps chaud et ensoleillé sur toute la France.
3. Tu veux un verre de vin ? (Je vais ouvrir / J'ouvrirai) un Bordeaux.
4. Tu (ne vas pas laisser / ne laisseras pas) ton frère tout seul quand même ! Il n'a que trois ans !
5. Il (va bientôt changer / changera bientôt) de travail.
6. Tu (vas m'appeler / m'appelleras) dès ton retour, d'accord ?

10.8 Befiehl mir was!

Der Imperativ

Das erste Mal kommt früh, viel früher, als einem lieb ist. Den Anfang machen Wendungen wie *Excusez-moi !* oder *Excuse-moi !*, *Écoutez !* oder *Écoute !* ... und schon ist man dem französischen Imperativ begegnet. Doch erst mit der Zeit kann man dieses Kommandospiel in vollen Zügen genießen und dann ... lässt man nicht mehr locker. Sind *Sie* reif dafür?

228 Slogans publicitaires

Ergänzen Sie diese Slogans mit den passenden Verben im Imperativ.

consommer • éviter • louer • passer • faire • boire • protéger
vendre • acheter • bouger

1. Pour votre santé, ________________ de grignoter[1] entre les repas.
2. Pour éliminer, ________________ beaucoup d'eau et ________________ !
3. Vous avez un bien immobilier à vendre ? ________________ une annonce sur le bon coin[2] et ________________ près de chez vous.
4. Vous voulez faire des économies ? Alors ________________ local : ________________ des produits locaux et ________________ en même temps un geste pour la planète.
5. Vous êtes un bricoleur du dimanche ? ________________ de bons outils et ________________ vos doigts.

[1] grignoter = naschen
[2] le bon coin = *Internetseite für Kleinanzeigen*
[3] outil *m* = Werkzeug

229 Chez le médecin

Was soll der Patient tun? Formulieren Sie die Ratschläge des Arztes mithilfe des Imperativs um. Achten Sie dabei auf die Änderung der Verbergänzungen und der Pronomen.

1. changer de façon de vivre
   Changez votre façon de vivre !
2. manger plus équilibré, boire moins d'alcool
   ____
3. ne pas dormir trop longtemps, ne jamais faire la sieste après 14 h
   ____
4. se changer les idées, lire un livre intéressant
   ____
5. se donner rendez-vous avec ses amis
   ____
6. sortir, aller au cinéma, et surtout faire du sport
   ____

230 Contradictions

Ergänzen Sie die fehlenden Imperativformen in der 2. Person Singular (*tu*) oder Plural (*vous*) und verneinen Sie, wenn nötig.

1. ______________ ↔ Ne me regardez pas.
2. Dis oui. ↔ ______________ oui.
3. ______________ ↔ Ne vous dépêchez pas.
4. Inquiète-toi. ↔ ______________
5. ______________-y ! ↔ N'y allez pas !
6. Aie confiance. ↔ ______________ confiance.
7. ______________ prudent ! ↔ Ne soyez pas prudent !

231 Va-t'en, tu m'énerves !

Kurz und bündig. Formulieren Sie die Sätze um, indem Sie die unterstrichenen Satzteile durch passende Pronomen ersetzen.

1. Dis-<u>moi la verité !</u>
   Dis-la moi.
2. Fais <u>une photo de nous.</u>
   ____
3. Donne le <u>pourboire au serveur.</u>
   ____
4. Rends <u>le livre à ta sœur.</u>
   ____
5. Montre <u>nos billets au contrôleur.</u>
   ____
6. Explique-moi <u>pourquoi tu escalades le mur.</u>
   ____

10.9 Das Phantom der Verben

Das gérondif

Ginge es nach den Frankreichfans, könnte das Französische ganz ohne *gérondif* auskommen. Zwei Sätze kann man schließlich auch mit Verbindungswörtern gut kombinieren, nicht wahr? Mag sein, aber: Mit dem *gérondif* klingt Ihr Französisch einfach authentischer, Sie erweitern Ihr Ausdrucksvermögen und lernen so manche Facetten der Sprache besser zu schätzen. Genug mit der Geheimnistuerei, machen wir uns doch auf die Suche nach dem Phantom …

232 Apprendre en associant

Ordnen Sie zu.

1. Tu gagneras du temps,	a. en allant au salon de l'immobilier.
2. Nous avons trouvé la maison de nos rêves	b. en tombant dans les escaliers.
3. Mon frère prend son petit déjeuner	c. en prenant l'avion.
4. Tout en ayant de la compréhension pour le mouvement de grève des enseignants	d. les parents commençaient à s'inquiéter pour la réussite de leurs enfants au bac.
5. Sa grand-mère s'est cassé le coude	e. en écoutant la radio.

1.	2.	3.	4.	5.

! *Tout en + gérondif* drückt eine konzessive (= einräumende) Beziehung zwischen zwei Sätzen aus. Diese lässt sich im Deutschen am besten durch eine Konstruktion mit „obwohl" wiedergeben.

233 Apprendre en reformulant

Formulieren Sie die Sätze um, indem Sie ein *gérondif* verwenden.

1. Ma nièce n'a pas pu revendre ses places pour le concert de Stromae parce qu'elle est arrivée trop tard.

   ____

2. Fais bien attention quand tu traverseras le route.

   ____

3. On ne peut pas continuer à vivre ainsi et à faire comme si de rien n'était[1].

   ____

4. Même si tu ne connais pas cette femme, tu lui fais confiance ?

   ____

5. La chaleur ne rentrera pas dans la maison à condition de bien fermer toutes les fenêtres.

   ____

[1] faire comme si de rien n'était = *hier:* so tun, als ob nichts wäre

234 Apprendre en traduisant

Übersetzen Sie. Verwenden Sie dabei das *gérondif*!

1. Da meine Schwester zu viel Sport gemacht hat, hat sie sich am Rücken verletzt.

   ____

2. Wir haben dich gesehen, als wir einkaufen gingen.

   ____

3. Ich bleibe dünn, auch wenn ich viel esse.

   ____

4. Auch durch Spielen lernt man.

   ____

5. Wenn du mit uns kommst, wirst du Spaß haben.

   ____

10.10 Nicht nur Tatendrang

Das Passiv

Wer träumt nicht davon? Einen Gang zurückschalten und es im Land der *belle vie* entspannt angehen ... Dumm nur, dass diese Zauberformel bei der Sprache nur bedingt greift – so häufig wie die deutschen werden nämlich die französischen Verben nicht in der Passivform benutzt. Lehnen Sie sich doch einfach entspannt zurück – wir helfen Ihnen auf die Sprünge.

235 Des citadins actifs

Wandeln Sie die folgenden Sätze ins Passiv um.

1. Les citoyens ont élu[1] le Parlement.

   ____

2. Le Parlament a voté[2] les lois.

   ____

3. Les médias informent les citoyens des lois entérinées[3].

   ____

4. Les citoyens devront respecter les lois.

   ____

5. À l'époque de Louis XIV, le roi prenait seul les décisions concernant la vie des citoyens.

   ____

[1] élire (élu) = wählen [2] voter = *hier:* beschließen [3] entériner = bestätigen

> **!** Die französischen Verben sind etwas aktiver als ihre deutschen Kollegen! Deshalb werden anstelle des Passivs gerne auch andere Konstruktionen gebraucht, z. B. das unpersönliche *on*, unpersönliche Verbformen oder Reflexiverben, die die Bedeutung des Passivs übermitteln (siehe Übung 238).

236 Comment faire ?

Bilden Sie Passiv-Sätze und führen Sie das Agens (Ursache, Grund) mit *de* oder *par* ein.

1. à Nanuvik au Nord du Québec / la région / couvrir / neige / pendant presque toute l'année (présent)
   À Nanuvik au Nord du Québec, la région est couverte de neige pendant presque toute l'année.
2. ce chef de service / craindre / tous ses employés (présent)
   ____
3. le cambrioleur / arrêter / la police / hier soir / vers 22 h (passé composé)
   ____
4. l'hôtel / constituer / trois bâtiments (imparfait)
   ____
5. le paquet / envoyer / à cette adresse (futur simple)
   ____
6. comment / devoir mettre / le piercing (conditionnel présent)
   ____

237 Actif ou passif ?

Haben folgenden Sätze eine passive Bedeutung? Kreuzen Sie an.

	Ja	Nein
1. On m'a aidé à remplir les formulaires.	●	●
2. Cette voiture s'est vendue à des milliers d'exemplaires.	●	●
3. Mon chef s'interdit toute contradiction.	●	●
4. Ce vin rouge se boit à température ambiante[1].	●	●
5. Ici, on parle allemand.	●	●
6. Le président s'est fait prendre en train de quitter son domicile à scooter[2].	●	●

[1] ambiant = *hier:* Zimmer-
[2] scooter *m* = Vespa

238 C'est la vie !

Übersetzen Sie die Sätze und benutzen Sie dabei aktive Ausdrücke mit einer passiven Bedeutung.

1. Hier darf eigenes Essen mitgebracht werden.
   ____
2. Die Musik des Restaurants war auf der ganzen Straße zu hören.
   ____
3. Bei unseren Nachbarn ist dreimal innerhalb eines Jahres eingebrochen worden.
   ____
4. Englisch wird in der ganzen Welt gesprochen.
   ____
5. Es ist vorgesehen, dass die Gehälter der Angestellten am Ende des Jahres um 1,5 % erhöht werden.
   ____

10.11 Mit Gefühl

Der subjonctif

Das Wichtigste vorweg: *subjonctif* ist nicht gleich Konjunktiv! Ja, klar, sie teilen sich schon die eine oder andere Eigenschaft. Aber viel zu groß ist die Gefahr eines Durcheinanders, wenn man diese beiden Verbformen nicht richtig auseinanderhält. Unser Tipp: Betrachten Sie den *subjonctif* als etwas Eigenständiges und tauchen Sie voll und ganz in die Denkweise ein. Sie werden es nicht bereuen …

239 De quel côté sont-ils ?

Indicatif présent oder *subjonctif présent*? Oder beides? Ordnen Sie zu und schreiben Sie das entsprechende Personalpronomen dazu.

parlons • fassions • mangeons • trouve • vais • voulions • ~~dit~~
sachiez • essayez • ailles • sommes • mettent • aies • doivent
finisse • dormons • puisse • bois • prennent • écrives

indicatif présent			
il dit			

subjonctif présent: que / qu'...			

beide			

240 Je pense que...

Indicatif présent oder *subjonctif présent*? Unterstreichen Sie jeweils die passende Verbform.

1. J'espère que tu (vas / ailles) bien prendre la bonne décision.
2. Ils désirent que nous nous (retrouvons / retrouvions) tous cet été.
3. Je pense que les nouvelles technologies (sont / soient) un progrès important mais qu'il (faut / faille) aussi apprendre à s'en servir.
4. J'ai peur qu'il (pleut / pleuve) bientôt.
5. Mon chef exige que nous (sommes / soyons) ponctuels.
6. Mes amis ne croient pas que j'(ai / aie) l'intention de faire un voyage au Pôle Nord.
7. Pensez-vous que l'argent (fait / fasse) le bonheur ?
8. C'est le plus beau tableau que j'(ai / aie) jamais vu.

241 L'argent fait-il le bonheur ?

Ergänzen Sie die Sätze mit *fait* oder *fasse* und versuchen Sie, eine Regel davon abzuleiten. Sie dürfen mithilfe des Satzes 6 auch Ihre eigene Meinung formulieren (eventuell auch verneint).

1. Il est clair que l'argent ____________________ le bonheur.
2. Il est peu probable que l'argent ____________________ le bonheur.
3. Il est évident que que l'argent ____________________ le bonheur.
4. Il se peut que l'argent ____________________ le bonheur.
5. Il semble que l'argent ____________________ le bonheur.
6. Et vous ? Qu'en pensez-vous ? – Il me semble que l'argent ____________________ le bonheur.

Der *subjonctif* wird benutzt, wenn ______________________________

____

242 Quand le subjonctif est de trop

Vervollständigen Sie die Sätze nach dem Muster.

1. Ils préfèrent...
   (ils / payer d'avance[1]) *payer d'avance.*
   (je / payer d'avance[1]) *que je paie d'avance.*
2. Je souhaite...
   (je / ne pas être seul) __________
   (il / ne pas être seul) __________
3. Julian ne veut pas
   (Julian / savoir la vérité) __________
   (elles / savoir la vérité) __________
4. Avez-vous peur...
   (vous / tomber malade) __________
   (elle / tomber malade) __________
5. Je ne crois pas...
   (je / se tromper) __________
   (vous / se tromper) __________
6. Je suis très contente...
   (je / venir) __________
   (tu / venir) __________
7. Maintenant il faut...
   (on / débarrasser la table) __________
   (nous / débarrasser la table) __________

[1] d'avance = im Voraus

> **!** Infinitivsätze sind im Französischen gang und gäbe. Glauben Sie es nicht? Dann machen Sie doch (nochmal) Übung 116!

243 Une question de conjonctions

Indicatif présent oder *subjonctif présent*? Unterstreichen Sie jeweils die passende Verbform. Achten Sie auf die vorausgehende Konjunktion.

1. Nous avons beaucoup de travail à finir de sorte que nous (devons / devions) rester au bureau plus longtemps.
2. Rentrons vite avant qu'il n' (y a / y ait) de l'orage.
3. Après que le beurre (a / ait) fondu, ajoutez les oignons et les champignons coupés en petits morceaux.
4. La famille de Jean-Charles a tout fait pour qu'il (peut / puisse) étudier dans une école privée.
5. Bien que ma mère (est / soit) inquiète pour l'avenir, elle ne le montre pas.
6. D'accord, je te prête ma console de jeux à condition que tu la (rends / rendes) demain soir.
7. Ce travail lui prend beaucoup de temps même si elle (a / ait) déjà de l'expérience dans ce domaine.
8. Je mets toujours un antivol[1] à mon vélo de peur qu'il (disparaît / disparaisse).
9. Nous voulions aller en discothèque à moins que[2] vous (avez / ayez) une meilleure idée.
10. Je pense qu'il (est / soit) orgueilleux.

[1] antivol *m* = Fahrradschloss
[2] à moins que = es sei denn

244 Signera, signera pas ?

Übersetzen Sie die Sätze.

1. Es tat ihm leid, dass Frau Dumier einen Unfall hatte.

____

2. Frau Dumier zweifelt (daran), dass es ihm leid getan hat.

____

3. Frau Dumier möchte, dass er eine Gehaltserhöhung bewilligt.

____

4. Frau Dumier glaubt nicht, dass ihr Chef den Vertrag unterschreibt.

____

5. Es ist möglich, dass sie sich irrt.

____

10.12 Mit Wenn und Aber

Der conditionnel

Jetzt nennen Sie Ihre Bedingungen, indem Sie selbst einige Bedingungssätze bilden. Ganz wichtig: Sätze mit *si* enthalten nie und nimmer einen *conditionnel*! Im Französischen sagt man: *Les si n'aiment pas les ré.* Gemeint ist das „r“, das man in der Konditionalform hört. Also bleiben Sie ruhig beim einfacheren Indikativ ...

245 Si seulement...

Setzen Sie die angegebenen Verben wie im Beispiel in die richtige Zeitform.

1. Si c' *était* (être) possible, je *préférerais* (préférer) ne pas me faire opérer.
2. Si Juliette et Armand ________________ (se parler) un peu plus, ils ________________ (se comprendre) sûrement mieux.
3. Si je le ________________ (pouvoir), je t'________________ (aider) volontiers, mais j'ai déjà beaucoup de choses à porter.
4. Ce ne ________________ (être) pas mieux si nous ________________ (mettre) les photos de notre fête de fin d'année sur Internet ?
5. S'il ________________ (faire) beau dimanche prochain, on ________________ (pouvoir) faire de la voile[1] à Arcachon.
6. Tu ________________ (avoir) de l'avancement[2] si tu ne ________________ (contredire[3]) pas toujours ton chef.

[1] faire de la voile = segeln
[2] avoir de l'avancement = befördert werden
[3] contredire qn = jmd. widersprechen

246 Si c'était ainsi...

Übersetzen Sie.

1. Wenn ich es wüsste, würde ich es dir sagen.

2. Was würdest du tun, wenn du eine Million Euro hättest?

3. Rufen Sie mich an, wenn Sie ein Problem haben sollten.

4. Wäre es nicht besser, wenn wir anfangen würden zu arbeiten?

5. Was würdet ihr antworten, wenn ihr an meiner Stelle wärt?

6. Unsere Wanderungen[1] würden dir besser gefallen, wenn du auch guter Laune[2] wärst.

[1] Wanderung = randonnée *f*

[2] guter Laune sein = être de bonne humeur

247 Secret ?

Das ist alles leider nicht mehr möglich ... Geben Sie den folgenden Text in der Vergangenheit wieder.

1. Si je le savais, je te le dirais.
2. Mais si je te le disais, qu'est-ce que tu ferais ?
3. Est-ce que tu le raconterais à quelqu'un si tu en avais la possibilité ?
4. Et est-ce que celui qui le saurait le garderait pour lui ?
5. Ou le raconterait-il à quelqu'un d'autre si on lui demandait ?
6. Est-ce que ce serait encore un secret si tout le monde en parlait ?
7. Heureusement, je ne le sais pas et donc je ne te le dis pas...

Si je l'avais su, je te l'aurais dit.

10.13 Stille Post

Indirekte Rede und Zeitenfolge

Nein, ganz so lustig wie bei der stillen Post geht es in der indirekten Rede leider nicht zu ... Damit man aber wenigstens den weitergegebenen Nachrichten vertrauen kann, sind einige Spielregeln zu beherzigen. Wer hat was wann gesagt und vor allem im Hinblick auf welche Zeit – auf diese Informationen kommt es nun an! Und wenn es nicht klappt? Na ja, vielleicht kann man dann zumindest darüber lachen ...

248 Quels temps !

Geben Sie die folgenden Sätze nach dem Muster in der Vergangenheit wieder. Achten Sie darauf, ob das Verb im *indicatif* oder im *conditionnel* steht.

1. Je sais que ces explications sont utiles.
   Je savais que ces explications étaient utiles.
2. Je pense que cette information n'est pas intéressante.
   Je pensais que __________
3. Je sais que les choses ont changé.
   Je savais que __________
4. Je pense que les choses changeront encore.
   Je pensais que __________
5. Je ne pense pas que mon ami vienne encore.
   Je ne pensais pas que __________
6. Je sais que la NASA a découvert une planète semblable à la terre.
   Je savais que __________

> **!** Fazit: Wenn der Hauptsatz um eine Zeitstufe zurückversetzt wird, bleibt das Zeitverhältnis zwischen Haupt- und Nebensatz (Gleich-, Vor- oder Nachzeitigkeit) bestehen! Es bleibt also (fast) alles beim Alten ...

249 Je le savais !

Unterstreichen Sie jeweils die passende Zeitform. Achten Sie dabei auf die Zeitenfolge.

1. Je ne t'ai pas demandé si tu voulais venir avec nous parce que j'étais sûr que (tu dis / tu dises / tu aurais dit) non.
2. Savais-tu qu'il y a plus d'habitants en Allemagne qu'en France ? – Vraiment? Je pensais que (c'est / c'était / ce serait) le contraire.
3. Si vous voulez mon avis, il me semble que l'autre jour, (vous avez exagéré / vous ayez exagéré / vous auriez exagéré).
4. J'aurais fait ce que tu m'(as dit / avais dit / aurais dit) si tu me l'(as / aurais / avais demandé) avant.
5. Je ne crois pas que Marcus (a déjà fini / ait déjà fini / avait déjà fini) de manger.
6. Je savais que ma nouvelle recette (te plaira / te plairait / t'aurait plu).

250 Qu'est-ce qu'il a dit ?

Setzen Sie die folgenden Sätze in die indirekte Rede der Vergangenheit.

1. J'aimerais bien ne rien faire aujourd'hui.

2. Vous avez bien dormi ?

3. Un jour, nous nous reverrons.

4. Il s'agit d'un simple rhume.

5. J'allais passer tous les étés au bord de la mer, chez mes grands-parents.

6. Je voudrais absolument te revoir.

1. Mon fils a dit ______________________________.
2. Mon beau-père me demanda ______________________________.
3. Mon ami américain me promit qu'un jour ______________________________.
4. Le docteur m'expliqua qu' ______________________________.
5. Ma mère me racontait qu' ______________________________.
6. Il m'a dit qu' ______________________________.

! *Demanda, promit, expliqua…* Das sind Formen des *passé simple*, einer Vergangenheitszeit, die vorwiegend in der Schriftsprache in literarischen Werken benutzt wird und einen gehobeneren Stil auszeichnet. Im mündlichen Sprachgebrauch steht hingegen meist das *passé composé*. Daher wird das *passé simple* nach denselben Regeln wie das *passé composé* verwendet.

Lösungen

Zahlen in Klammern beziehen sich auf einzelne Übungssätze.

1.1

1 1. [k] 2. [k] 3. [k] 4. [s] 5. [k] 6. [s] 7. [s] [k] 8. [k] 9. [k] [s] 10. [s]

> ▶ *C* vor Konsonanten oder vor den dunklen Vokalen *a, o* und *u* wird wie [k] gesprochen. *C* vor den hellen Vokalen *e, i* und *y* wird wie [s] gesprochen.

> ▶ *Ç* (c mit *cédille*) wird immer wie [s] gesprochen.
> Es gibt auch Wörter, die beide Laute enthalten, z. B. *bicyclette* [s, k] und *accident* [k, s].

2 [g]: garage, glace, golf, mangue
[ʒ]: garage, girafe, gymnastique, manger, voyageons
In *garage* kommen beide Laute vor: zuerst ein [g] und dann ein [ʒ].

> ▶ *G* vor Konsonanten oder vor den dunklen Vokalen *a, o* und *u* wird wie [g] gesprochen. *G* vor den hellen Vokalen *e, i* und *y* wird wie [ʒ] gesprochen.

3 1. faux, *q* se prononce [k].
2. faux, *haricot* commence avec un *h aspiré*, la liaison est interdite.
3. faux, *v* se prononce [f].
4. vrai
5. faux, *gn* se prononce comme dans „Cognac".
6. vrai, car le mot vient de l'anglais.

4 stimmlos: anniversaire, descendre, dessert, salut, stop, symbole, transmettre
stimmhaft: curiosité, désert, poison, réaliser, Tunisie

> ▶ *S* wird stimmlos gesprochen: am Wortanfang, vor oder nach einem Konsonanten oder als Doppelkonsonant *ss* zwischen zwei Vokalen.

> ▶ *S* wird zwischen zwei Vokalen (oder in der *liaison*, siehe Übung 16) in der Regel stimmhaft gesprochen.

5 stimmlos: bonsoir, bourse, dessiner, message, restaurant, salade, samedi, service, site
stimmhaft: épouser, isolé, maison

> ▶ Zu den Regeln siehe Übung 4.

6 1. ja 2. nein 3. ja 4. nein 5. ja

> ▶ Das *s* von *tous* bleibt meistens stumm (2., 4.), es sei denn, *tous* steht allein (1., 5.) oder das nachfolgende Substantiv fängt mit einem Vokal an (3.).

7 1. Je n'aime pas la foule. – Moi non plus [Ø] !
2. Le film le plus [z] intéressant du festival a pour thème la crise migratoire.
3. Tu en veux plus [s] ? Non merci, je n'ai plus [Ø] faim, je vais exploser !
4. Je reviens dans une heure. À plus [s] !
5. Je veux dire plus [z] exactement qu'on a besoin de plus [s] d'argent pour terminer ce projet.
6. J'ai perdu plus [Ø] de 10 kilos en un mois avec ce régime !

> ▶ Bei der Verneinung (1., zweiter Teil von 3.) oder beim Vergleich (6.) bleibt das *s* von *plus* stumm, es sei denn, das folgende Wort beginnt mit einem Vokal, dann kommt eine *liaison* (2., 5.) dazu.

▶ Wenn *plus* allein steht oder „mehr" bedeutet, wird das *s* stimmlos ausgesprochen (erster Teil von 3., 4. und zweiter Teil von 5.).

8 [ks]: boxe, saxophone, texte
[gs]: examen, exercice, exhumer, xylophone
[z]: deuxième, six oranges
[s]: six, soixante
[Ø]: croix, voix

▶ Meistens wird das *x* wie [ks] ausgesprochen. Ausnahmen:
– bei den Grundzahlen *six*, *dix* und *soixante*: *x* = [s];
– bei den Ordnungszahlen *(deuxième)* oder am Wortende bei einer ***liaison*** *(six oranges)*: *x* = [z];
– am Wortende ohne ***liaison*** *(deux mains)* wird *x* nicht ausgesprochen.
– wenn ein Vokal oder ein *h* danach kommt *(examen, exhorter)*: *x* = [gs]

9 [j]: bouteille, famille, fille, grillé, taille, veuillez, vieille; in den anderen Wörtern wird *ll* wie [l] ausgesprochen.

▶ *ll* wird meistens wie [j] ausgesprochen, nur in wenigen Wörtern spricht man es [l] aus.

10 3. négocier 4. pOmme 5. numéro
6. gros 7. écOle 8. pOste
9. accOster 10. dOcteur

▶ *O* ist am Ende eines Wortes *(numéro)* oder vor dem Laut [z] *(rose)* geschlossen.
– Wenn *o* vor zwei Konsonanten *(pomme, poste)*, *r (rebord)* oder *l (école)* steht, ist es offen. Es gibt teilweise auch erhebliche regionale Unterschiede: Im Süden werden fast alle *o* offen gesprochen!

11 [e]: et, gagné, les, marcher, nez, peigner; viendrai
[ə]: je, le
[ɛ]: <u>ê</u>tre, fermons, fill<u>e</u>tte, gagnais, lait, mais

▶ [e] wird mit *-es* (bei einsilbigen Wörtern wie *les, mes, ses*), *-ez* oder *-er* (am Wortende), mit einem Akzent auf *-é*, oder mit *-ei* (*peigner*) geschrieben.
– Das stumme *e* [ə] ist mit dem Laut am Wortende von „bitte" vergleichbar.
– Der Laut [ɛ] wird mit *-ais*, *-ait*, *-ê*, *-è*, *-ei*, *-e* + ausgesprochenem Konsonant *(fermons)* wiedergegeben.

12 1. nein 2. ja 3. ja
4. nein 5. nein 6. nein
7. nein 8. ja 9. nein 10. ja

▶ Ob das stumme *e* gesprochen wird oder nicht, hängt von seiner Stellung im Wort oder in der Wortgruppe ab.
In der ersten Silbe eines Wortes *(demain)* wird es normalerweise ausgesprochen, allerdings wird es mündlich oft verschluckt (wie im *p'tit* statt *petit*).
In der letzten Silbe *(France)* wird es nicht ausgesprochen.
Innerhalb eines Wortes oder einer Wortgruppe ist wichtig, wie viele Konsonanten vor dem *e* stehen:
In *samedi* steht *e* zwischen zwei gesprochenen Konsonanten und bleibt stumm, in *entretien* gehen zwei gesprochene Konsonanten voraus und ein weiterer Konsonant folgt ihm: *e* wird ausgesprochen.

13 1. Tu peu~~x~~ lui passe~~r~~ un cou~~p~~ de téléphone ?
2. Zut ! J'ai acheté tro~~p~~ de persi~~l~~.
3. En auto~~m~~ne, le~~s~~ feuille~~s~~ tombe~~nt~~.
4. Je pren~~ds~~ le magre~~t~~ de canar~~d~~, e~~t~~ toi ?
5. Il tien~~t~~ beaucou~~p~~ à se~~s~~ livre~~s~~.

▶ Die meisten Konsonanten am Wortende *(coup, trop, beaucoup)* werden nicht ausgesprochen. Das gilt auch für die Markierung des Plurals *(-s* oder *-x)* wie in *feuilles* und die Konjugationsendungen *(-s, -x, -t, -d, -ent)* wie in *prends* oder *tombent*. Bei einigen Wörtern wie bei *automne* taucht dieses Phänomen auch innerhalb des Wortes auf.

14 [ã]: bl*an*c, cam*em*bert, ch*am*pagne, comm*en*t, *en*f*an*t, s*an*s
[õ]: bl*on*d, c*om*bien, c*om*pris, fr*on*t

15 [ɛ̃]: combi<u>en</u>, f<u>aim</u>, <u>im</u>pôt, <u>in</u>téressant, médec<u>in</u>, parf<u>um</u>, s<u>ym</u>pathique, s<u>yn</u>taxe, t<u>im</u>bre
[i]: inutile, ordinateur, synonyme, tartine

16 1. Bonjour, comment‿allez-vous ?
2. Je suis‿allemande et j'ai deux‿enfants.
3. Tu as de beaux‿yeux, tu sais !
4. Vous‿habitez en‿Allemagne ?
5. Où est Manon ? Elle est‿à la fac.
6. Jean et Isabelle ont‿acheté une maison. Elle est très‿agréable.
7. Elle adore les haricots verts avec du beurre.
8. Les‿hôpitaux sont fermés aujourd'hui.
9. Quand a lieu le salon du chocolat ?
10. Demain, mes cousins arrivent. Nous‿allons jouer au football.

▶ In vielen Fällen ist die *liaison* möglich, aber nicht unbedingt nötig. Am besten prägen Sie sich daher nur die Fälle ein, in denen sie obligatorisch oder verboten ist.
Obligatorisch ist die *liaison* zwischen:
– Subjekt- oder Objektpronomen und Verb: *vous‿habitez*
– Begleiter und Substantiv / Adjektiv: *les‿hôpitaux* (aber nur, wenn das *h* stumm ist.), *mes‿amis*
– Zahlwort und Substantiv / Adjektiv: *deux‿enfants*
– Adjektiv und Substantiv: *de beaux‿yeux*
– einsilbiger Präposition und Bezugswort: *en‿Allemagne*
– einsilbigem Adverb und Adjektiv: *très‿agréable*
Verboten ist die *liaison*:
– zwischen Substantiv und Verb: *nos voisins | ont acheté*
– vor einem *h aspiré*: *les | haricots*
– zwischen Substantiv und nachgestelltem Adjektiv: *un restaurant | excellent*
– nach den Fragewörtern *quand* und *combien*: *quand | a lieu... ?*
(Achtung: bei *comment* wird nur in der Frage *comment‿allez-vous ?* eine *liaison* gesprochen)
– nach *et*: *Jean et | Isabelle*
In den anderen Fällen ist die *liaison* fakultativ.

17 1. c. 2. b. 3. c. 4. b. 5. a.

▶ Im Französischen wird die letzte Silbe eines Wortes betont, es sei denn, das Wort endet auf ein stummes *-e*. In diesem Fall wird die vorletzte Silbe betont, z. B. bei *tomate*.

18 1. J'ap*prends*.
2. J'apprends le fran*çais*.
3. J'apprends le fran*çais* à l'universi*té*.
4. J'apprends le fran*çais* à l'université de Mu*nich*. / J'apprends le fran*çais* à l'universi*té* de Mu*nich*.

▶ Die Betonung innerhalb eines Wortes (= Wortakzent) liegt immer auf der letzten Silbe (1.). Innerhalb eines Satzes hingegen ist die Betonung der Sprecheinheit (*chaîne parlée*) wichtiger als der Wortakzent. Dabei wird nur eine Silbe pro Sprecheinheit betont (2., 3. [enthält zwei Sprecheinheiten]). Wichtig ist also, die Sprecheinheiten zu erkennen, wobei sie vom jeweiligen Sprecher, seinen Sprechabsichten und seinem Redefluss abhängen (zwei Möglichkeiten für 4.).

2.1

19 1. faux
2. faux
3. faux, le français ne connaît pas les guillemets „…".
4. vrai, ce n'est pas comme en allemand.
5. vrai, une autre façon correcte est avec / : 03/04/2015.
6. vrai
7. vrai, pas comme en allemand.
8. faux, la façon correcte est XIXe siècle

20 Après cinq ans de fermeture, le musée Picasso rouvre ses portes ce samedi 25 octobre. C'est un grand moment de fête gratuit pour tous. Installé au cœur du quartier du Marais depuis 1985 dans l'hôtel Salé, ce monument baroque avait grand besoin d'une rénovation pour garantir la sécurité du public et un accès facile aux handicapés. Parallèlement à ces aménagements, la surface d'exposition a triplé et permet aux touristes de redécouvrir les 5000 œuvres de la collection Picasso, aussi bien peintures, sculptures que photographies. La ville de Paris espère aussi reconquérir le public francilien. À voir et revoir donc du mardi au vendredi de 11 h 30 à 18 h et le week-end de 9 h 30 à 18 h au 5, rue de Thorigny. Nocturne le troisième vendredi du mois jusqu'à 21 h.

▶ Anders als im Deutschen werden die französischen Substantive nicht großgeschrieben.
Großgeschrieben werden u. a. Eigennamen (Personen, Länder, Städte, Berge, Seen usw.), Ämter und Institutionen, Namen von Gebäuden, Adressen und Epochen. Auch Wörter am Satzanfang oder am Anfang einer direkten Rede werden großgeschrieben. Nach einen Doppelpunkt folgt aber kein Großbuchstabe!

21 1. Le matin, je lis mes mails et le journal avant de travailler.
2. Chloé espère que Léo lui téléphonera pour proposer une sortie.
3. Je te conseille de lire le dernier livre de Patrick Modiano qui vient de recevoir le prix Nobel de littérature.
4. Arnaud est un collègue très difficile, mais il a, à mon avis, un sens des affaires très poussé.
5. À peine sortie de réunion, j'ai sauté dans le premier train pour Toulouse.
6. Il n'a rien oublié, heureusement.

▶ Im Französischen dienen Kommas hauptsächlich dazu, Sprechpausen zu markieren. Sie richten sich deshalb weniger nach der grammatischen Funktion der Satzteile und ihr Gebrauch ist im Allgemeinen nicht so streng geregelt wie im Deutschen.
Bei Voranstellung einer Adverbial- oder Präpositionalergänzung sowie eines Nebensatzes muss ein Komma stehen (1.). Kein Komma steht vor *que* (dass) und vor *pour* (zu bzw. um ... zu) im Infinitivsatz (2.). Kein Komma steht bei Relativsätzen, ohne die der Satz unvollständig wäre (3.). Bei einigen Konjunktionen, insbesondere *mais*, *donc* und *or*, wird das Komma empfohlen; vor und nach einem Einschub ist es obligatorisch (4.). Das Komma trennt die Partizipialkonstruktion vom Rest des Satzes (5.). Das Komma dient zur Hervorhebung eines Wortes (6.).

22 crème, fête, honnête, léger, préférer, près, scène

▶ Der *accent aigu* steht nur über *e*, das dann geschlossen ausgesprochen wird (siehe dazu Übung 11).
Der *accent grave* kann auf *e*, aber auch auf *a* und *u* stehen. *E* wird dann offen ausgesprochen. Bei *a* und *u* bewirkt der *accent grave* keine Änderung der Aussprache, sondern er hat eine Unterscheidungsfunktion: so ist z. B. *la* der weibliche bestimmte Artikel und *là* das Ortsadverb „dort".
Der *accent circonflexe* kann auf allen Vokalen (außer *y*) stehen und beeinflusst in manchen Fällen die Aussprache. *E* wird mit diesem Akzent offen gesprochen. Der *accent circonflexe* hat bei Wörtern, die ähnlich klingen, eine Unterscheidungsfunktion (z. B. ist *sur* die Ortspräposition „auf" und *sûr* ist ein Adjektiv, das „sicher" bedeutet.).

23 1. Où es-tu ? Tu es déjà là ? Je ne te vois pas !
2. Notre hôtel est situé sur la côte Atlantique.
3. Quel âge a ton frère ?
4. Ce quartier n'est pas très sûr. Il faut toujours être sur ses gardes.
5. Il a un ordinateur portable à côté de lui.
6. Qu'est-ce que tu préfères ? Un café ou un thé ?

▶ Zu den Regeln siehe Übung 22.

24 1. J'aime l'opéra. 2. Elle s'installe bientôt à Nantes. 3. C'est une ville très intéressante. 4. Il n'espère plus la revoir. 5. Il fait si beau, tu n'as pas envie de faire un pique-nique ?

▶ Der Apostroph markiert die Auslassung eines *e*, *i* oder *a* am Ende eines Wortes, wenn das nachfolgende Wort mit einem Vokal oder einem „stummen *h*" anfängt. Es wird also in folgenden Fällen verwendet:
– bei den bestimmten Artikeln *le* / *la* (1.);
– bei den Pronomen *ce, je, me, te, se* und *la, le* (1., 2., 3.);
– bei der Verneinungspartikel *ne* und der Konjunktion *que* (das Relativpronomen *qui* wird aber nie apostrophiert) (4.);
– oder bei der Konjunktion *si* vor *il* / *ils* (5.).

25 1. Servez-vous et mangez pendant que c'est chaud, j'arrive tout de suite.
2. Saviez-vous que cette année, l'Allemagne est troisième au classement mondial des meilleures universités ?
3. Clément va bientôt fêter ses trente-deux ans. Nous allons lui offrir un four à micro-ondes pour son nouvel appartement.
4. Ce manteau, tu le trouves comment ? Je préfère celui-ci.
5. Allez, dépêche-toi maintenant, le train ne va pas nous attendre !

▶ Bindestriche sind in folgenden Fällen obligatorisch:
– zwischen Verb und Personalpronomen beim bejahten Imperativ (1., 5.) oder bei Inversionsfragen (2.);
– bei Zahlen und einigen zusammengesetzten Substantiven (3.);
– bei den Demonstrativbegleitern (4.) oder Demonstrativpronomen.

2.2

26 2. girafe 3. illogique
4. accélération 5. guitare
6. addition 7. violemment
8. abréviation 9. passer 10. arriver

▶ *h, k, j, q, v, w, x* werden nie verdoppelt, *b, d* und *g* selten.
Die anderen Konsonanten werden oft verdoppelt. Sie werden meistens wie ein einfacher Konsonant ausgesprochen bis auf *s* zwischen zwei Vokalen (in 9. ist das *s* stimmlos) und *e* oder *i* nach *-cc-*, die [ks] ausgesprochen werden (4.).

27 1. poisson 2. désert 3. file
4. salle 5. baiser

▶ Die sehr ähnlich aussehenden Wörter bedeuten: *poison m* = Gift – *poisson m* = Fisch; *désert m* = Wüste – *dessert m* = Nachtisch; *file f d'attente* = Warteschlange – *fille f* = Tochter; *sale* = schmutzig – *salle f* = Saal; *baiser* = küssen – *baisser* = herunterlassen.

28 1. caisse 2. original 3. attention
4. cours 5. devant 6. province

29 1. a. accident b. incident
2. a. familiale b. familière
3. a. allusion b. illusion
4. a. officieuse b. officielle
5. a. infraction b. effraction

3.1

30 1. Beweise, Beweisführungen 2. Bekundung, Beweis 3. Demonstration 4. manifestation

31 1. sage 2. brave 3. sage 4. sage

▶ *brave* = mutig, tapfer, anständig – brav = *sage* (auch im übertragenen Sinne von bieder); *gentil, brave* (vor dem Substantiv)

32 1. rendez-vous (= Termin) 2. maîtresse (= Lehrerin) 3. pouf (= großes Kissen) 4. Parisiens (= Einwohner von Paris)

▶ Das Wort *baiser* bleibt übrig und bedeutet … „küssen". Bestellen Sie also bitte in der *pâtisserie* kein *baiser*, man wird Ihnen keine *meringue* geben, sondern Sie nur mit großen Augen ansehen.

33 1. conseil 2. comprimé 3. de perfusion 4. l'ordonnance 5. piles 6. boîte

▶ *rat m* = Ratte – Rat = *conseil m; tablette f* = Tablet-PC – Tablette = *comprimé m; infusion f* = Kräutertee – Infusion = *perfusion f; recette f* = Kochrezept – Arzneirezept = *ordonnance f; batterie f* = Akku – Batterie = *pile f; dose f* = ein wenig, eine Dosis – Dose = *boîte f de conserve*

34 1. veste 2. costume 3. blouse 4. serviette 5. gilet

▶ *veste f* = Jacke – Weste, Strickjacke = *gilet m; costume m* = Anzug – Kostüm = *tailleur m; blouse f* = Kittel – Bluse = *chemisier m; serviette f* = Handtuch – Serviette = *serviette f de table*

35 1. lycée 2. l'enveloppe, appareil photo 3. le chef d'orchestre, grande 4. piano, Marche

▶ *gymnase m* = Sporthalle – Gymnasium = *lycée m; couvert m* = Besteck – Kuvert = *enveloppe f; caméra f* = Filmkamera – Kamera = *appareil m photo; dirigeant m* = Leiter – Dirigent = *chef m d'orchestre; gros(se)* = dick – groß = *grand(e); clavier m* = Tastatur – Klavier = *piano m; marche f* = Marsch – *promenade f* = Spaziergang, -fahrt

3.2

36 1. d 2. c 3. a 4. b

▶ abholen: jmd. abholen gehen = *aller chercher qn*; abholen kommen = *venir chercher qn*. Es ist also eine Frage der Perspektive, wer wen abholt.

37 1. L'addition, s'il vous plaît. Je vous dois combien ? 2. Vous avez eu votre permis ? 3. Je n'ai pas encore reçu ta lettre. 4. Vous touchez 3 % d'intérêts. 5. Elle a enfin obtenu une augmentation de salaire.

▶ bekommen: im Allgemeinen = *recevoir*; bei Diplomen = *avoir*, zusätzlich mit der Idee von Anstrengung = *obtenir*; bei Geld = *devoir* (wenn man etwas schuldet) oder *toucher* (wenn man etwas bekommt.)

38 1. rendre visite 2. aller 3. visiter 4. suivre 5. fréquenter

▶ besuchen: jmd. besuchen = *rendre visite à quelqu'un*; bei Schule / Uni, Kino, Veranstaltungen oder Konzerten = *aller*; bei Stadt oder Sehenswürdigkeit (besichtigen) = *visiter*; bei Kurs = *suivre*; bei Bars = *fréquenter*

39 1. illustrations 2. tableau 3. photo 4. idée 5. dessin 6. image

▶ Bild: im Allgemeinen = *image f*; Bebilderung = *illustration f*; Gemälde = *tableau m*; Foto = *photo f*; sich ein Bild von etw. machen = *se faire une idée de qc*; Spiegelbild = *image f*; Zeichnung = *dessin m*

40 1. Merci beaucoup ! De rien ! / Il n'y a pas de quoi ! 2. Pourriez-vous m'aider, s'il vous plaît ? Oui, avec plaisir. 3. Je peux rentrer ? Je vous en prie ! 4. Vous avez un passeport ? Le voici.

▶ Bitte: in Bitten, Aufforderungen = *s'il vous/te plaît* oder *je vous/t'en prie*; in Antworten = *de rien; je vous en prie; il n'y a pas de quoi*. Manchmal wird das Wort auch gar nicht übersetzt, z. B. in (4.) ist es in *le voici* enthalten.

41 1. as besoin de 2. j'ai mis 3. nous faut 4. n'avez qu'à 5. suffira de

▶ brauchen: im Sinne von „gebrauchen" = *avoir besoin de qc*, oder *il me* (Angabe des Subjekts) *faut qc*; bei zeitlicher Angabe = *mettre;* im Sinne von „nur etwas zu tun brauchen" = *n'avoir qu'à + verbe à l'infinitif* oder *il suffit de + verbe à l'infinitif*.

42 1. allé(e)s 2. conduire 3. emmener 4. voyagé 5. passé(e)s

▶ fahren: im Allgemeinen = *aller*; jmd. fahren = *emmener*; lenken, steuern = *conduire*; reisen = *voyager*; durch / über einen Ort fahren = *passer par*

43 1. mauvaise 2. fausses 3. mauvaise 4. faux 5. faux

▶ falsch: nicht so, wie es sein sollte = *mauvais*; nicht der Wahrheit entsprechend = *faux*; gefälscht = *faux*

44 1. amis 2. petit ami 3. copains 4. potes

▶ Freund/in: bei Freundschaft = *ami/e (Standardsprache), potes* (umgangssprachlich); bei Liebesbeziehung = *petit ami;* in der Schule = *copain*

45 1. sentiment 2. sens 3. émotions 4. pressentiment 5. impression

▶ Gefühl: im Allgemeinen = *sentiment m*; bei vorübergehender Gemütsbewegung = *émotion f*; (Vor-)Ahnung, Gespür = *pressentiment m*; Eindruck = *impression f*

46 1. fonctionne / marche 2. parti 3. va 4. dure 5. s'en aller 6. marche

▶ gehen: im Allgemeinen = *aller*; funktionieren = *fonctionner*; weggehen = *partir*; einen Ort verlassen = *s'en aller;* zu Fuß gehen = *marcher*

47 1. À qui appartient ce livre ? / À qui est ce livre ? (fam.) 2. Marc mange toujours avec les coudes sur la table, ça ne se fait pas ! 3. Il fait partie de la famille. 4. Il faut toujours être deux pour faire du tandem. 5. Tu devrais aller au lit.

> ▶ gehören: Eigentum = *appartenir à* oder (fam.) *être à*; dazu gehören = *faire partie de*; nötig sein = *il faut*; hingehören = *devoir aller;* es gehört sich nicht = *ça ne se fait pas*

48 1. mêmes 2. pareil 3. égal 4. égal 5. même

> ▶ gleich: ähnlich, identisch = *même* (als Adjektiv vor dem Substantiv [1.]) oder *pareil* (als Satzergänzung [2.]); im mathematischen Sinne = *égal;* gleichgültig = *égal*

49 1. chance 2. bonheur 3. bonheur 4. chance 5. chance

> ▶ Glück: Gegenteil von Pech = *chance f*; Freude, Zufriedenheit = *bonheur m*; auf gut Glück (Wendung) = *au petit bonheur (la chance)*

50 1. longue 2. large 3. grand 4. gros

> ▶ groß: im Allgemeinen = *grand;* bei Körpergröße = *grand;* von beträchtlichem Ausmaß, dick = *gros*, im Großen und Ganzen = *en gros;* zeitlich = *long;* im übertragenen Sinne = *large*

51 1. Bon travail, les gars ! 2. Si le temps est beau, on pourra s'asseoir dehors. 3. Ouah, Anna, tu es vraiment forte ! 4. En fait, c'est un brave garçon.

> ▶ gut: im Allgemeinen = *bon;* bei Wetter = *beau;* tüchtig = *fort;* anständig = *brave*

52 1. cheveux 2. poils 3. chevelure 4. cheveux 5. poil 6. poil

> ▶ Haar: Kopfhaar = *cheveu m* (Standard); *chevelure f* (als Ganzes betrachtet und poetisch); am Körper = *poil m;* bei Tieren = *poil m;* um ein Haar = *d'un poil* (fam.)

53 1. accrochée 2. suspendue 3. flotte 4. tombent 5. fixait 6. tient

> ▶ hängen: im Allgemeinen = *être accroché* bzw. *suspendu*; sich verbunden fühlen = *tenir à qn/qc;* herunterhängen = *pendre, tomber;* schweben = *flotter;* haften (für Blicke) = *fixer*

54 1. an 2. ans/années 3. ans 4. années 5. la bonne année 6. le Nouvel An

> ▶ *an* = Jahr (als ein Zeitraum von zwölf Monaten; der Begriff *an* ist genauer und präziser als das Wort *année*).
> *année* = Jahr (in seinem Ablauf; gibt eine ungenaue Dauer an)

55 1. billets 2. carte 3. places 4. carte 5. ticket, carte, carte 6. carton 7. faire-part 8. carte

> ▶ Karte: Fahrkarte = *billet m;* Visitenkarte = *carte f de visite;* Eintrittskarte = *place f;* Postkarte = *carte f postale;* E-Ticket= *e-ticket m;* Kreditkarte = *carte f de crédit;* beim Fußball = *carton m;* Hochzeitskarte = *faire-part m de mariage;* Speisekarte = *carte f*

56 1. Vous aimez faire la cuisine ?
2. Qu'est-ce que je vais nous faire à manger ? 3. Ou est-ce que tu as déjà préparé le repas ? 4. Pour cuire des nouilles, il faut d'abord faire bouillir de l'eau. 5. L'eau pour le thé bout. 6. Il bout encore de colère après la violente dispute avec son frère.

> ▶ Kochen: Speisen zubereiten = *faire la cuisine;* Essen vorbereiten = *préparer le repas;* garen = *cuire qc;* etwas kocht = *bouillir;* Wasser kochen = *faire bouillir de l'eau;* vor Wut kochen (Redewendung) = *bouillir de colère*

57 1. Vous savez jouer du piano ?
2. Je ne peux pas payer, j'ai oublié ma carte Visa.
3. Tu sais faire cet exercice ?
4. Demain, nous ne pouvons pas aller au cinéma, notre babysitter est malade.

> ▶ können: die Möglichkeit haben = *pouvoir;* die Fähigkeit haben, etwas wissen = *savoir*

58 1. faire 2. divorcer 3. Prenez 4. laissée 5. Donnez 6. laissez

> ▶ lassen: im Allgemeinen (4.) = *laisser;* lassen + Infinitiv = *faire + infinitif* (1.); im Sinne von „zulassen" auch: *laisser + infinitif* (6.); in manchen Fällen wird es durch ganz andere Verben wiedergegeben: *divorcer* = sich scheiden lassen (2.); *prendre son temps* = sich Zeit lassen (3); *donner de ses nouvelles* = von sich hören lassen (5.).

59 1. marcher 2. coule 3. fonctionner 4. s'est passé 5. courir 6. vas 7. passe

> ▶ laufen: gehen = *marcher;* fließen = *couler;* bei Geräten o. ä. = *fonctionner;* ablaufen = *se passer;* joggen, rennen = *courir;* gesendet werden = *passer*

60 1. Le soir, je prends seulement un repas léger.
2. Cet exercice n'est vraiment pas facile !
3. Tu ne veux pas emporter un pull léger pour ce soir ?
4. Il y aura une pluie fine demain, toute la journée.

> ▶ leicht: bei Gewicht, Menge = *léger;* einfach = *facile;* dünn, wenig = *fin*

61 1. fait 2. étudier 3. apprendre 4. appris

> ▶ lernen: Kenntnisse erwerben, etw. lernen = *faire de* + Fach oder *apprendre à* + Verb im Infinitiv; an der Uni / für eine Prüfung = *étudier*

62 1. faire 2. passé 3. marquer 4. rend 5. réalisé 6. prenez

▶ machen: im Allgemeinen = *faire*; je nach Wortverbindung wird das Verb „machen" aber meistens unterschiedlich wiedergegeben, z. B. Abitur machen = *passer*, einen Punkt machen = *marquer*, Umsatz machen = *réaliser;* machen + Adjektiv = *rendre*

63 1. un message 2. une excellente nouvelle 3. un message 4. Cette nouvelle 5. informations

▶ Nachricht: als Mitteilung = *nouvelle f*; auf Anrufbeantworter, Handy o. ä. = *message m*; veröffentlichte Meldung = *information f*

64 1. convient 2. est 3. ignore 4. plairait 5. vont 6. rentrer

▶ passen: harmonieren = *aller bien avec qn/qc*; angenehm sein = *convenir à qn*; gut sitzen = *être à la bonne pointure* (für Schuhe) bzw. *à la bonne taille* (für Kleidung); gefallen = *plaire*; bei etwas passen müssen = *ignorer*

65 1. difficile 2. ardue 3. lourde 4. grave 5. pénible

▶ schwer: bei Gewicht = *lourd;* schwierig = *difficile* (Standardsprache) bzw. *ardue* (gehobener Stil); gravierend, ernsthaft = *grave;* körperlich belastend = *pénible*

66 1. vu 2. regarder 3. vois 4. voyez 5. Regarde

▶ sehen: Sehfähigkeit oder im übertragenen Sinn = *voir*; ansehen (Fernsehfilm, Sendung) = *regarder* (aber *voir* für Theaterstück oder Kinofilm)

67 1. C'est vrai que tu vas bientôt nous quitter ?
2. Cette montre n'est pas à l'heure.
3. C'est bon, merci !
4. La majorité des gens ont voté contre lui.
5. Il y a quelque chose qui ne va pas chez elle.
6. Nous devons bientôt faire accorder notre piano à nouveau.
7. Ce résultat n'est malheureusement pas correct.

▶ stimmen: wahr sein = *être vrai / exact*; bei einer Uhr = *être à l'heure*; in Ordnung sein = *être bon*; wählen / votieren = *voter;* bei Musikinstrument = *accorder;* Redewendung: etwas stimmt nicht = *qc ne va pas;* korrekt / richtig sein = *être correct*

68 1. morceau 2. pièce 3. bout 4. pièce 5. partie 6. morceau

69 1. quel jour 2. toute la journée 3. le jour le plus long 4. en plein jour 5. journées 6. du jour

▶ *jour m* = Tag (Zeiteinheit von 24 Stunden, genaue Dauer); *journée f* = Tag (mit Betonung auf seinem Ablauf; ungenaue Dauer); *jour / journée* werden auch in festen Redewendungen verwendet, die wie Vokabeln gelernt werden müssen *(du jour au lendemain* = von heute auf morgen, *le lever du jour* = der Tagesanbruch).

70 1. On se retrouve à la plage après la sieste !
2. Cela tombe bien !
3. Hier j'ai rencontré par hasard mon ancien professeur de français.
4. Quand est-ce qu'on se revoit ?
5. La mort de tant de réfugiés me touche profondément.
6. L'Espagne ? L'Italie ? As-tu enfin pris ta décision ?

▶ treffen: per Zufall sehen = *rencontrer;* innerlich berühren = *toucher;* sich treffen, sich verabreden (absichtlich) = *se retrouver;* sich wiedersehen = *se (re)voir;* feste Redewendungen: es trifft sich gut = *cela tombe bien;* eine Entscheidung treffen = *prendre une décision*

71 1. travailler 2. s'entraîner / s'exercer 3. pratiquer 4. m'exercer

▶ üben: im Allgemeinen (lernen, trainieren) = *s'entraîner à, s'exercer à;* beherrschen lernen (1.) = *travailler;* bei einer Sprache (3.) = *pratiquer*

72 1. pendant 2. pendant que 3. pendant 4. pendant que

73 1. si 2. Quand 3. si 4. Si 5. quand/si

▶ wenn: Bedingung, Wunsch = *si;* zeitlich = *quand*

74 1. devenu 2. tombés 3. faire 4. est 5. tourne 6. réussies

▶ werden: im Allgemeinen = *devenir;* bei beruflichen Projekten (3.) = *faire;* als nahe Zukunft (4.) = *être;* ein Ergebnis erreichen = *réussir* (6.); bei vielen Wortverbindungen werden aber andere Verben benötigt, z. B. krank werden = *tomber malade;* zum Alptraum werden = *tourner au cauchemar*

75 1. pièces, salle 2. chambres 3. salle 4. salle 5. bureau

▶ Zimmer: zum Schlafen = *chambre f;* andere Räume in der Wohnung = *pièce f;* Räume mit anderen Funktionen und andere Orte = *salle f;* in der Verwaltung = *bureau m*

76 1. écouter 2. entendu 3. écoute 4. entends; écoute

▶ hören: im Allgemeinen = *entendre;* bei Musik = *écouter;* zuhören, auf jmd. hören = *écouter qn.*

4.1

77

A	P	R	E	P	R	E	N	D	R	E
F	F	S	M	P	L	T	S	O	Z	S
E	A	O	O	A	P	F	A	I	S	M
N	I	R	E	R	G	A	P	M	M	E
P	R	U	C	N	T	E	L	O	S	T
A	E	G	H	A	L	I	B	B	I	T
Q	I	U	N	E	S	C	R	O	A	R
Z	R	E	G	A	R	D	E	R	N	E

1. prendre 2. faire 3. mettre 4. regarder 5. sortir

78 1. ménage – putzen 2. courses – einkaufen gehen 3. vaisselle – abspülen 4. lits – Betten beziehen 5. lessive – Wäsche waschen 6. poussière – Staub wischen 7. cuisine – kochen 8. carreaux – Fenster putzen 9. repassage – bügeln 10. beau rêve – träumen

79 1. prendre – einen Termin beim Zahnarzt vereinbaren 2. promener – mit dem Hund Gassi gehen / den Hund ausführen 3. sortir – den Müll rausbringen 4. tirer – Geld abheben 5. mettre – Ordnung in seine Papiere bringen

80 1. suis 2. ai attrapé 3. ai 4. ai

81

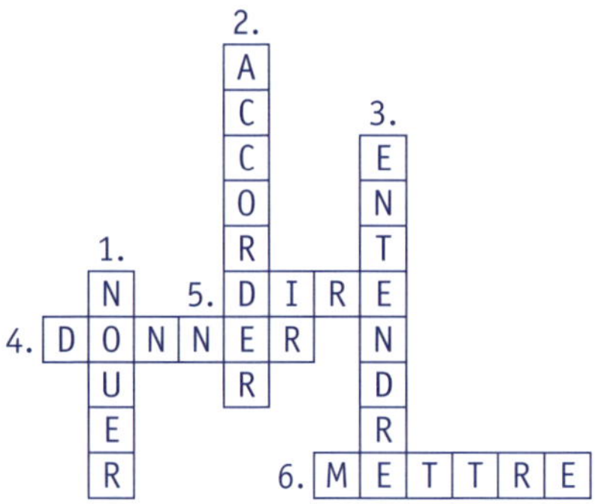

82 1. idée 2. question 3. sens 4. faire 5. bien / mal 6. faire 7. prendre

83 1. répondre 2. coup 3. ligne 4. composer 5. tromper

84 1. poser une question 2. passer un examen 3. prendre des notes 4. apprendre par cœur 5. faire une dictée

85 1. candidature – sich bewerben 2. grève – streiken 3. équipe – im Schichtdienst 4. arrêt-maladie – krankgeschrieben

86 1. être en 2. habiter 3. passer 4. obtenir 5. prendre comme époux/épouse 6. fonder 7. avoir

87 1. le check-in – einchecken 2. la queue – anstehen 3. le plein – volltanken 4. route – sich verfahren 5. valises – Koffer packen

88 1. es eilig haben 2. ich kann es kaum erwarten 3. etwas rechtzeitig schaffen 4. pünktlich sein 5. sich beeilen 6. spät werden 7. an der Zeit sein, etwas zu tun 8. Verspätung haben

89 2. a. 3. h. 4. j. 5. b. 6. c. 7. i. 8. d. 9. e. 10. g.

90 1. cinéma 2. tête 3. impression 4. imbécile 5. attention

91 1. chambre à coucher 2. médecin de famille 3. cours de danse 4. livre de cuisine 5. annuaire téléphonique 6. foyer d'étudiants 7. plan de ville

92 1. carte géographique 2. auto-école 3. centre historique 4. animal domestique 5. grand magasin 6. terrain de jeu

▶ Wörter kann man im Französischen auf verschiedene Weise zusammensetzen: mit einer Präposition, z. B. *salade de tomates*, durch eine Kombination von Substantiven (mit Bindestrich), z. B. *auto-école*, oder durch Substantiv und Adjektiv (ohne Bindestrich), z. B. *carte géographique*.

93 1. rire – zum Lachen bringen 2. pleurer – zum Weinen bringen 3. réfléchir – zum Nachdenken bringen 4. briller – zum Reflektieren bringen

4.2

94 1. chien 2. gant 3. mer 4. oignons 5. pompier 6. plat 7. couper 8. être

95 2. a. 3. b. 4. f. 5. g. 6. d. 7. e.

96 1. gris 2. noir; bleue 3. verte 4. jaune 5. rouge

97 1. carotte 2. beurre 3. sucre 4. pain 5. fromage

98 1. lapin – *poser un lapin* = versetzen 2. puce – *mettre la puce à l'oreille* = misstrauisch machen 3. cheval – *être à cheval sur les principes* = ein Prinzipienreiter sein 4. éléphant – *avoir une mémoire d'éléphant* = ein Elefantengedächtnis haben 5. rat – *un rat de bibliothèque* = ein Bücherwurm, eine Leseratte; *noyer le poisson* = um den heißen Brei herumreden

99 1. salive – *avoir l'eau à la bouche* = den Mund wässrig machen 2. a la gorge qui gratte – *avoir un chat à la gorge* = einen Frosch im Hals haben 3. vient sans transition – *arriver comme un cheveu sur la soupe* = denkbar ungelegen kommen 4. est une collègue très importante – *être le bras droit* = die rechte Hand sein 5. critique les personnes de son entourage – *une mauvaise langue* = ein Lästermaul, eine böse Zunge

100 2. donné un coup de peigne 3. donner un coup de main 4. ont un bon coup de fourchette 5. C'est un coup dans l'eau. 6. donné un coup de poing

4.3

101
◆ Bonjour Gabriel. Je suis content de faire ta connaissance !
● Bonjour, monsieur.
● J'ai huit ans.
◆ Et comment se passent les vacances ?
◆ Je suis allemand. Pourquoi ?

> ▶ Statt *content(e) de faire ta / votre connaissance* kann man auch *ravi(e)* oder *enchanté(e)* ... sagen. Besonders höflich ist es, nach Grußformeln *monsieur, madame* oder *messieurs-dames* hinzuzufügen. Das Alter wird mit *avoir* angegeben.

102 1. Il est neuf heures dix.
2. Il est onze heures quinze. / Il est onze heures et quart.
3. Il est douze heures trente. / Il est midi et demi.
4. Il est treize heures. / Il est une heure.
5. À quinze heures trente. / À trois heures et demi.
6. À seize heures quarante-cinq. / À cinq heures moins le quart.
7. À dix-huit heures cinquante. / À sept heures moins dix.
8. À minuit.

103 1. ce soir (heute Abend) 2. hier matin (gestern Vormittag), hier après-midi (gestern Nachmittag) 3. avant-hier (vorgestern), après-demain (übermorgen) 4. il y a dix minutes (vor), dans dix minutes (in) 5. avant (davor), après (danach) 6. dernière (letzte), prochaine (nächste)

104 1. Comment 2. Qu'est-ce que 3. Quelle 4. Qu'est-ce qu' 5. Quelle 6. Où 7. Comment 8. Combien de temps

105 ● Depuis combien de temps attendez-vous ?
● Et combien de fois êtes-vous déjà venue ici ?
◆ Très souvent. La première fois c'était en 2010, le 24 août 2010.
● Mais non, bien sûr que non. On est le combien aujourd'hui ?
◆ Aujourd'hui..., c'est le premier avril.
● Justement ! Malheureusement... je dois vous prier de revenir l'année prochaine.

▶ Vor Jahreszahen steht *en*. Der bestimmte Artikel *le* steht vor Datumsangaben im Sinne von „der" und auch von „am": *le 3 (= trois) mars* heißt also „der 3. März", aber auch „am 3. März". Der Tag wird durch die Grundzahl ausgedrückt: *le 3 (= trois) mars*. Nur beim 1. Tag im Monat nimmt man die Ordnungszahl *premier*: *le 1er (= le premier) mars*.

106 1. c. voulez 2. a. plaît 3. f. est
4. b. addition 5. d. carte
6. e. saignant, cuit

107 2. La viande de bœuf, je la préfère saignante.
3. Et des frites, vous n'en voulez pas ?
4. Le fromage, vous en prenez?
5. Le dessert, nous le mangerons un peu plus tard.

▶ Um das Objekt zu betonen, setzt man es an den Satzanfang – gefolgt vom dazugehörigen Objektpronomen. Dieses Satzmuster ist im Französischen sehr häufig anzutreffen.

108 2. C'est ton fils qui a tondu la pelouse.
3. C'est ta grand-mère qui a repassé la chemise.
4. C'est Anna qui est allée faire les courses.
5. C'est toi qui as préparé le repas hier soir.

▶ Um das Subjekt zu betonen, setzt man es an den Satzanfang – umrahmt vom Ausdruck *C'est... qui*. Auch dieses Satzmuster ist im Französischen sehr geläufig.

109 2. On a ouvert un nouveau restaurant dans notre quartier.
3. Et on dit qu'il est fidèle...
4. On a découvert une nouvelle planète.
5. Florent, on te demande au téléphone !
6. On se retrouve donc demain à 5 heures.

▶ Im Französischen wird oft das unbestimmte Personalpronomen *on* verwendet: statt *nous* (wir) und in Fällen, wo im Deutschen eine Passivkonstruktion bevorzugt wird.

110 1. Ein Auto steht vor unserem Eingang. (steht)
2. Ich bin vor einem Monat umgezogen. (vor + Zeitangabe)
3. Entschuldigen Sie bitte, gibt es eine Apotheke in der Nähe? (es gibt)
4. Es war kaum jemand auf der Demonstration. (es ist / war / ...)
5. Ich habe ihn schon lange nicht mehr gesehen. (schon lange)

111 1. e. 2. h. 3. a. 4. g. 5. c.
6. b. 7. f. 8. d.

▶ Feste Redewendungen sollten wie Vokabeln auswendig gelernt werden!

112 1. On en est où ? = Wie sieht es aus? / Wie weit sind wir?
2. Je n'en crois pas mes oreilles. = Ich kann es nicht fassen.
3. Je m'en remets à vous. = Ich verlasse mich auf Sie.
4. J'en ai marre. = Ich habe es satt.
5. On s'en va ? = Gehen wir?

113 1. peux 2. le 3. dit 4. que
5. souviens 6. que 7. crois
8. rappelles
1. c. 2. f. 3. a. 4. h. 5. b
6. d. 7. g 8. e

114 1. Je viens de Picardie aussi. / Je viens aussi de Picardie. / Moi aussi, je viens de Picardie.
2. Ce train va à Lyon aussi ? / Ce train va aussi à Lyon ? / Ce train, lui aussi, va à Lyon ?
3. Les chaussures bleues me semblent élégantes aussi. / Les chaussures bleues me semblent aussi élégantes. / Les chaussures bleues, elles aussi, me semblent élégantes.
4. Tu travailles à la maison aussi ? / Tu travailles aussi à la maison ? / Toi aussi, tu travailles à la maison ?
5. Moi, je m'appelle Léonie aussi. / Moi, je m'appelle aussi Léonie. / Moi aussi, je m'appelle Léonie.

▶ Wenn *aussi* sich auf den ganzen Satz bezieht, dann steht es am Satzende. Sonst steht es hinter dem Satzelement, das betont werden soll.

115 1. Je n'en ai pas envie. – Moi non plus.
2. Je n'ai ni faim ni soif.
3. Tu ne prends pas de café ? Moi non plus alors ! / Alors, moi non plus !
4. Nous ne savons pas non plus par où commencer.
5. Aujourd'hui non plus, il n'a pas de temps pour nous.

▶ Es gelten die gleichen Regeln wie bei der Stellung von *aussi* – siehe Übung 114. „Weder … noch" heißt *ni … ni*.

116 2. J'espère faire bonne impression.
3. Avant de commencer, je ne dois pas oublier d'éteindre mon téléphone portable !
4. Je ne sais pas si je vais réussir à me détendre.
5. Je n'ai plus pensé à demander aux copains leurs notes de cours.
6. Il me semble ne plus me souvenir de rien !! / Il me semble avoir tout oublié !!

▶ Sie brauchen das Wörtchen *que* (dass) nicht, denn in solchen Fällen – insbesondere bei gleichem Subjekt im Haupt- und Nebensatz – ist im Französischen eine Infinitivkonstruktion üblich.

117 1. Mes parents aiment voyager.
2. Ma mère aimerait bien voir la Bourgogne.
3. Mais mon père préfère aller à la mer.
4. Ma mère aimerait aussi descendre le Canal du Midi en bateau.
5. « …alors vas-y plutôt seule ! », dit mon père.
6. Moi, je préfère ne pas partir en vacances avec mes parents.

▶ Um Vorlieben auszudrücken, verwendet man meist Adverbien wie *bien*, *plutôt* oder Formulierungen mit *aimer* (im Konditional) und *préférer*.

118 1. e. 2. d. 3. a. 4. c. 5. b.
6. h. 7. g. 8. f.

Wenn man in eine schwierige Situation geraten ist, benutzt man den Ausdruck: *Nous voilà bien !*

5.1

119 2. l', les hôtels 3. l', les additions 4. la, les chaussures 5. le, les chiens 6. les 7. la salle, les 8. le livre, les 9. le haricot, les 10. la cravate, les

> ▶ Wenn ein Substantiv im Singular mit einem Konsonanten beginnt, gebraucht man die bestimmten Artikel *le* bzw. *la*. Fängt das Substantiv mit Vokal oder „stummem *h*" an, entfällt der Vokal des Artikels und der Artikel wird zu *l'*. Der bestimmte Artikel im Plural lautet immer *les*.

120 l': habitant, habitude, herbe, heure, histoire, homme, hôpital
le: handicapé, hérisson, Hollandais
la: honte, haine

> ▶ Wegen der *élision* ist es nicht möglich, das Geschlecht eines Substantivs am bestimmten Artikel zu erkennen. Unser Tipp: lernen Sie daher Vokabeln mit dem unbestimmten Artikel *un, une*.

121 2. des oncles à Toulouse.
3. des rendez-vous aujourd'hui.
4. des informations pour vous.
5. des souvenirs romantiques de lui.

> ▶ Der Plural des unbestimmten Artikels lautet immer *des*.

122 2. aux 3. derrière la, au-dessus du 4. de la 5. des 6. jusqu'au 7. devant le

> ▶ Mit den Präpositionen *à* und *de* verschmelzen *le* und *les* zu einem Wort:
> – *à* + *le* wird zu *au*; *à* + *les* wird zu *aux*,
> – *de* + *le* wird zu *du*; *de* + *les* wird zu *des*.

5.2

123 1. Ø, les 2. la, le 3. Ø 4. Le, le 5. le 6. le, le 7. Le 8. au 9. les

> ▶ Anders als im Deutschen steht der bestimmte Artikel u. a. vor Ländern (nicht aber nach der Präposition *en*! [3.]), bei verallgemeinernden Aussagen, nach *aimer, adorer, préférer* und *détester* (2.), bei Sportarten (6.) (auch in Verbindung mit dem Verb *jouer*), Stoff- und Gattungsnamen, Fachgebieten (7.), Zeitangaben (4.) (z. B. Wochentagen und Tageszeiten, aber nur, wenn eine Gewohnheit beschrieben wird), Mengen und Maßen im Sinne von „pro" (5.), Superlativen (6.), der Beschreibung von Körperteilen (9.) und in einigen festen Ausdrücken, z. B. *avoir le temps* (4.).

124 1. L'allemand est une langue difficile. 2. Elle a 40°C de fièvre et mal à la tête : elle a sûrement attrapé la grippe. 3. La France et l'Allemagne ont un fleuve en commun, le Rhin. 4. Le docteur arrive tout de suite, veuillez patienter, s'il vous plaît. 5. Thérèse a les cheveux noirs et les yeux bleus azur.
6. Je prends le train de 14 heures.

> ▶ Den bestimmten Artikel benutzt man auch vor Sprachen, Krankheiten, geografischen Namen (Länder, Regionen, Flüsse etc.), Titeln und bei der Beschreibung von Körperteilen.

125 1. Ø, Ø 2. une, une, des, Ø 3. Ø 4. Ø, un 5. Ø, un

> ▶ Der unbestimmte Artikel wird weitgehend wie im Deutschen benutzt. In den folgenden Fällen steht kein unbestimmter Artikel: nach *être* bei der Angabe von Berufen, Funktionen und Nationalitäten, bei verneinten Mengenangaben (kein/e = *pas de*), in einigen festen Redewendungen (z. B. *prendre rendez-vous*) und bei Appositionen (Beifügungen) (5.).

5.3

126 Je voudrais des tomates, des épinards, des aubergines, de l'ail, du fromage, du jambon, de l'huile d'olive, de la moutarde.

> ▶ Unbestimmte Mengenangaben werden mit dem Teilungsartikel ausgedrückt. Dieser wird mit der Präposition *de* und dem bestimmten Artikel gebildet: *de + le = du, de + les = des*. Bei *la* oder *l'* werden die bestimmten Artikel mit der Präposition nicht zusammengezogen. Die Form für den Plural *des* ist identisch mit dem unbestimmten Artikel *des*, der ja auch eine unbestimmte Menge ausdrückt.

127 1. Tu veux du thé ou du café ?
2. Les grands-parents ont apporté du chocolat pour les enfants.
3. Tu peux me rapporter de la moutarde quand tu iras à Dijon ?
4. Tu me donnes de l'eau, s'il te plaît ? J'ai encore soif.
5. Ce type a vraiment de l'argent.

128 2. M. Malchance n'a pas de travail.
3. M. Malchance n'a pas de femme.
4. M. Malchance n'a pas d'humour.
5. M. Malchance n'a pas d'amis.

> ▶ Auch der Teilungsartikel fehlt in manchen Fällen: nach Mengenadverbien wie *un peu de, peu de, beaucoup de, assez de, trop de,* nach Mengenangaben wie *un kilo de;* nach Substantiven, die ein Maß oder eine Dauer angeben, bei Nullmengen (*pas de, plus de*).

129 1. Ø 2. un, Ø, Ø 3. Ø 4. Ø 5. Ø 6. du

6.1

130 männlich: Allemand, ami, Français, garçon, soleil
weiblich: assistante, Chinoise, cousine, vache, lune
männlich oder weiblich: Belge, collègue, secrétaire

> ▶ Bei Lebewesen, Berufen und Nationalitäten bestimmt das natürliche Geschlecht das Genus. Weibliche Substantive enden in der Regel auf *-e;* in Ausnahmenfällen können männliche Substantive aber auch auf *-e* enden.

131 1. m 2. w 3. m/w 4. m 5. w 6. m 7. w 8. w 9. m 10. m 11. m 12. m

Substantive auf *-age, -ail, -teur, -o, -eau, -ment* und *-et* sind in der Regel männlich. Substantive auf *-aison, -ence, -té* und *-tion* sind in der Regel weiblich. *Touriste* kann männlich oder weiblich sein.

▶ Oft gibt die Endung einen Hinweis auf das Geschlecht. Substantive, die auf *-age, -ail, -al, -as, -at, -eau, -eil, -ent, -et, -eu, -euil, -in, -ier, -isme, -ment, -o, -oir* und *-teur* enden, sind in der Regel männlich. Substantive, die auf *-ade, -aie, -aille, -aison, -ée, -eille, -elle, -ence, -erie, -esse, -ette, -euse, -ie, -ise, -ité, -té, -tion, -ude* und *-ure* enden, sind in der Regel weiblich. Einige Substantive mit diesen Endungen, die ein anderes Geschlecht haben, z. B. *la plage* oder *la peau*, sind nur scheinbar Ausnahmen, da es sich hierbei nicht um Endungen, sondern um einen Teil des Wortstamms handelt.

132 1. un; une tour = Turm 2. la; le manche = Stiel, Griff 3. le; la mode = Mode 4. le; la voile = Segel 5. au; la vase = Schlick 6. la; le garde = Wächter

133 1. professionnelles 2. collègues 3. amies 4. employés 5. professeur(e) 6. ingénieur(e) diplômé(e) 7. directrice 8. assistantes

134 1. une boulangère 2. une coiffeuse 3. une actrice 4. une libraire 5. une pharmacienne 6. une pâtissière 7. une (femme) médecin 8. une avocate 9. une professeur(e) 10. une championne

▶ Bei Berufsbezeichnungen bestimmt das natürliche Geschlecht das Genus. Die weibliche Form wird in der Regel durch Anhängen von *-e* an die männliche Form gebildet (8.). Dadurch ergeben sich Änderungen in der Aussprache (der an sich stumme Konsonant der männlichen Form wird hörbar) und – bei einigen Endungen – auch in der Schreibung: *-er* → *-ère* (1.), *-eur* → *-euse* (2.), *-teur* → *-trice* (3.), *-ien* → *-ienne* (5.), *-ier* → *-ière* (6.), *-ion* → *-ionne* (10.).

Die *Académie Française*, die die sprachlichen Regeln in Frankreich bestimmt, lehnt eine systematische Bildung der weiblichen Formen ab. So ist z. B. *professeure* (9.) nicht zulässig (sehr wohl aber in Kanada!).

Wenn ein männliches Substantiv auf *-e* endet, wird kein zusätzliches *-e* angehängt, man erkennt dann nur am Begleiter (*la, une, ma* etc.), ob es sich um eine Frau handelt (4.).

Bei einigen Berufsbezeichnungen lässt sich die weibliche Form durch Hinzufügung von *femme* (7.) bilden. So wird die Verwechslung zwischen *la médecine* (Medizin) und *la (femme) médecin* (Ärztin) vermieden.

135 1. piscines 2. dos 3. journaux 4. jeux 5. enfants 6. cadeaux 7. genoux 8. noyaux 9. nez 10. travaux 11. festivals 12. vœux 13. albums 14. cieux 15. prix 16. cheveux 17. yeux 18. pneus

Unregelmäßig sind: genoux, travaux, festivals, cieux, yeux, pneus.

> ▶ Der regelmäßige Plural wird gebildet, indem man *-s* an die Singularform des Substantivs hängt. Substantive, die bereits auf *-s* (auch auf *-x* und *-z*) enden, bleiben unverändert.
>
> Substantive, die auf *-eau, -au, -eu, -al* enden, bilden den Plural durch Anhängen von *-x*, wobei das *l* zu *-u* wird.
>
> Substantive, die auf *-ail* oder *-ou* enden, bilden den Plural durch Anhängen von *-s*. Ausnahmen: *les landaus, les bijoux, les choux, les genoux, les hiboux, les poux.*

136 1. lunettes 2. retrouvailles 3. archives 4. soldes 5. fiançailles 6. gens 7. ciseaux

> ▶ Die oben genannten Substantive werden nur im Plural verwendet, obwohl sie – außer *gens* – eine singularische Bedeutung haben.

137 1. les pizzas 2. les länder 3. les spaghettis 4. les cameramans / les cameramen 5. les hobbys / les hobbies

> ▶ Meistens wird der Plural von Fremdwörtern regelmäßig gebildet (1. und 3.). Bei einigen Wörtern wird der Plural aus der Fremdsprache übernommen (2.), manche haben zwei Pluralformen (4. und 5.).

138 2. choux-fleurs 3. sourds-muets 4. non-violents 5. sports d'hiver 6. boîtes à lettres 7. après-midi 8. nouveau-nés 9. pommes de terre 10. grands-mères 11. lave-vaisselle 12. matchs de boxe

Singularformen: 2. le chou-fleur 3. le sourd-muet 4. le non-violent 5. le sport d'hiver 6. la boîte à lettres 7. l'après-midi 8. le nouveau-né 9. la pomme de terre 10. la grand-mère 11. le lave-vaisselle 12. le match de boxe

> ▶ Bei Komposita erhalten nur Substantive und Adjektive die Pluralmarkierung *(les grands-mères)*. Dabei spielt die Bedeutung des Kompositums auch eine Rolle. Wenn ein Bestandteil eine singularische Bedeutung hat, bleibt das Kompositum im Singular *(les après-midi)*. Wenn nicht, dann wird es angeglichen *(les boîtes à lettres)*. Wenn das Adjektiv adverbial gebraucht wird, bleibt es unverändert *(les nouveau-nés)*. Andere Wortarten (Verben, Präpositionen, Adverbien) bleiben unverändert.

7.1

139 1. f. 2. j. 3. a. 4. b. 5. g. 6. d. 7. c. 8. i. 9. h. 10. e.

▶ Das Adjektiv wird in Geschlecht und Zahl an das Substantiv angeglichen und bildet in der Regel die weibliche Form wie z. B. die Berufsbezeichnungen oder Nationalitäten durch Anhängen von *-e* an die männliche Form. Ausnahme: Farbadjektive, die von einem Substantiv abgeleitet sind (*orange, marron*), und Adjektive auf *-e* bleiben unverändert. Einige Adjektive ändern die Endung: *studieux → studieuse, conservateur → conservatrice, fou → folle; turc → turque, vif → vive.*

140 1. bonne 2. fatale 3. violette 4. légère 5. autrichienne 6. sociale 7. irrégulière 8. officielle 9. grosse 10. inquiète

▶ Die Adjektive auf *-(i)er* bilden die weibliche Form durch Anhängen von *-e*, wobei das erste *e* einen *accent grave* erhält: *-(i)ère.*

Die Adjektive auf *-el, -ul, -eil, -en, -on, -et* verdoppeln den Endkonsonanten in der weiblichen Form – bis auf *inquiet, (in)complet, (in)-discret*, deren weibliche Form auf *-ète* endet.

141 Die regelmäßigen Adjektive sind: *important* und *vrai.*

Die weiblichen Formen der Adjektive lauten:
1. nouvelle 2. fraîche 3. importante 4. sympathique 5. brève 6. fameuse 7. vraie 8. fausse 9. rousse 10. vieille 11. longue 12. blanche

142 1. des livres neufs 2. de beaux enfants 3. des moments difficiles 4. de jolies maisons 5. de gros problèmes 6. de bonnes nouvelles 7. des gens normaux 8. des offres intéressantes

▶ Die Adjektive bilden den Plural ähnlich wie die Substantive: Die regelmäßigen mit Anhängen von *-s*, die Adjektive auf *-eau* mit Anhängen von *-x*, die Adjektive auf *-al* meistens mit der Endung *-aux*. Beachten Sie auch die Änderung (*de* statt *des*) des unbestimmten Artikels, wenn das Adjektiv vor dem Substantiv steht.

143 ♀ Alors les garçons, vous avez fini ?
♂♂ Oui, nous sommes prêts !
♀ Et vous les filles ?
♀♀ Nous aussi, nous sommes prêtes !/ Nous sommes prêtes aussi.
♂♂ Et toi, Maman, tu es prête ?
♀ Mais bien sûr ! Je suis prête depuis une heure !
♀ Et Papa... il est prêt ? Mais où est Papa ?

▶ Im Französischen werden Adjektive angeglichen, auch wenn sie auf ein Verb wie *être* folgen.

144 1. belle 2. bel 3. belles 4. belles 5. beau 6. beau 7. beaux

▶ *Beau* und einige andere Adjektive (wie *nouveau, vieux*) haben zwei maskuline Formen. Relevant für die Wahl der richtigen Form ist der Anfangsbuchstabe des nachfolgenden Substantivs: Beginnt es mit einem Konsonanten, wird *beau* verwendet. Vor Substantiven, die mit einem Vokal oder „stummen *h*" beginnen, wird *bel* benutzt: *un bel arbre.*

7.2

145 1. lui : son boxer, son caleçon, sa chemise, sa cravatte
2. elle : son chemisier, sa jupe
3. eux deux : leurs chaussures, leurs pantalons, leurs pulls

> ▶ Anders als im Deutschen ist auch in der 3. Person Singular (*lui* = er, *elle* = sie) nur das Geschlecht des Besitztums und nicht das des Besitzers relevant. Das Possessivadjektiv *son/sa* bedeutet also sowohl „sein" als auch „ihr". Achtung: „Ihr/e" in der Höflichkeitsform heißt *votre* bzw. *vos*, „ihr/e" im Plural heißt *leur* bzw. *leurs*.

146 1. mon 2. ta 3. son 4. sa 5. leurs, leur 6. mes 7. ses 8. ton

> ▶ Zur Aussprache-Erleichterung werden *ma*, *ta* und *sa* vor weiblichen Substantiven, die mit Vokal oder „stummem *h*" beginnen, durch *mon*, *ton* und *son* ersetzt.

147 1. J'ai des doutes à ce sujet.
2. Elle a mal à la tête.
3. Veux-tu te laver les mains ?
4. Le chef change toujours d'avis.

148 2. la vôtre 3. la tienne 4. la sienne 5. la leur / les leurs 6. au tien

> ▶ Wie bei den Possessivadjektiven ist in der 3. Person Singular nicht das Geschlecht des Besitzers, sondern nur das des Besitzobjektes relevant: *le sien/la sienne* = seine/r/s und ihre/r/s; *les siens/les siennes* = seine und ihre.
>
> Beachten Sie: der bestimmte Artikel (erster Teil des Possessivpronomens) verschmilzt mit den Präpositionen *à* und *de* (*au tien* und *du tien*).

149 1. Vous êtes un de nos clients ?
2. Ma voiture est bleue et quelle est la couleur de la tienne ?
3. C'est une de ses idées fixes.
4. Nathalie a oublié sa bouteille d'eau. Nous allons lui donner la nôtre.
5. Est-ce que Laura est une de tes amies ?

7.3

150 2. Les Allemands sont plus organisés que les Français.
3. Les Allemands sont moins paresseux que les Français.
4. Les Françaises sont plus belles que les Anglaises.
5. Les Français sont plus élégants que les Allemands.
6. Les Allemandes sont moins passionnées que les Italiennes.

> ▶ Der Komparativ (erste Steigerungsstufe) wird gebildet, indem man dem Adjektiv *plus* (mehr) bzw. *moins* (weniger) voranstellt. Wie gewöhnlich wird das Adjektiv an das Bezugswort angeglichen und der Vergleich wird mit *que* (als) eingeführt.

151 Mögliche Übersetzungen:
1. Mon ami a bu le plus de tous.
2. C'est le film qui me touche le moins.
3. Le plus intéressant, c'était la visite de la ville. / Ce qui était le plus intéressant, c'était la visite de la ville.
4. Quel pull te plaît le plus ?
5. Il vaut mieux que nous attendions un peu.
6. Quelle est la meilleure façon de perdre du poids ?

> ▶ Nicht immer lässt sich „am ... sten" durch *le plus/moins* bzw. *plus/moins* wiedergeben. Oft bietet sich eine Konstruktion mit *c'est... le plus/moins..., ce qui... le plus/moins... c'est...* oder mit *la chose/façon/manière la plus...* an, in einigen Fällen kann aber auch eine Umformulierung nötig sein.

152 1. plus petit 2. pire 3. plus mauvais 4. moindre 5. meilleure

> ▶ *Mauvais* (schlecht) und *petit* (klein) bilden den Komparativ und den Superlativ regelmäßig, wenn sie ihre ursprüngliche Bedeutung haben. Im übertragenen Sinn wird dagegen die unregelmäßige Form verwendet.

7.4

153 1. direct 2. désespérément 3. de façon méritée 4. active 5. vraie 6. modérément

> ▶ Adverbien können ein Verb, ein Adjektiv, ein anderes Adverb oder einen ganzen Satz näher bestimmen. Adjektive bestimmen ein Substantiv näher.

154 1. vite 2. rapide, vite 3. vite 4. rapide 5. vite

> ▶ *Rapide* ist das Adjektiv, *vite* das Adverb.

155 1. bien 2. bonne 3. bonne, bien 4. bien 5. bien

> ▶ *Bon* ist das Adjektiv, *bien* das Adverb.

156 1. Ce magazine est très bien. 2. Et comment était l'excursion ? – Pas mal ! 3. Noël est encore bien loin. 4. Ce pull me plaît bien, mais il coûte vraiment cher, je ne le prends pas. 5. Pourriez-vous parler plus fort ? On n'entend pas bien dans le fond.

157 2. avec plaisir 3. avec patience 4. d'un ton sec 5. avec attention 6. de façon systématique

> ▶ Adverbiale Ausdrücke können Adverbien auf *-ment* ersetzen oder als Ersatz für nicht ableitbare Adverbien verwendet werden. Sie sind im Französischen sehr beliebt.

158 1. mieux 2. meilleur 3. meilleure 4. mieux 5. mieux

> ▶ *Meilleur/e* ist die Steigerungsform des Adjektivs *bon/bonne*, *mieux* die des Adverbs *bien*.

159 1. C'est bien que tes parents soient là aussi.
2. C'est bien que vous soyez venus aussi.
3. Il vaut mieux que vous le sachiez.
4. Il vaut mieux que tu rentres à la maison maintenant.
5. Je crois qu'il vaut mieux ne plus nous revoir.

7.5

160 1. Vous prendrez une bouteille d'eau minérale ?
2. Il adore le fromage, surtout les spécialités françaises.
3. Vous avez vu que vous êtes passés au feu rouge ?
4. Pour jouer au rugby, il faut un ballon oval.
5. Certaines régions allemandes sont de religion protestante.

▶ Adjektive, die Farben, Formen, Nationalitäten sowie politische oder religiöse Zugehörigkeit angeben, stehen normalerweise hinter den Substantiven.

161 1. un vieil homme 2. une longue histoire 3. cette petite maison 4. un enfant méchant 5. une nouvelle incroyable 6. nouveau téléphone portable

▶ Einige kurze Adjektive (*grand, petit, bon, mauvais, joli, beau, gros, haut, long, vieux*) stehen vor dem Substantiv.

162 1. *certaines informations* = gewisse Informationen – *des informations certaines* = sichere Informationen
2. *différentes idées* = mehrere Ideen – *des idées différentes* = unterschiedliche Ideen 3. *de pauvres gens* = bedauernswerte Leute – *des gens pauvres* = arme Leute 4. *un grand homme* = ein bedeutender Mann – *un homme grand* = ein großer Mann
5. *une seule personne* = eine einzige Person – *une personne seule* = eine einsame Person 6. *un unique exemple* = ein einziges Beispiel – *un exemple unique* = ein einzigartiges Beispiel 7. *un ancien logement* = eine ehemalige Wohnung – *un logement ancien* = eine Altbauwohnung

163 1. Je me souviens bien de mon enfance.
2. Hier, il a trop mangé. / Il a trop mangé hier.
3. Elle travaille mal à l'école.
4. C'est un professeur très sévère.
5. Évidemment, il n'était pas d'accord.
6. En automne, il lui apporte toujours des champignons.

▶ Adverbien stehen in der Regel vor dem Adjektiv bzw. Adverb, auf das sie sich beziehen, aber nach dem Verb (auch nach einer zusammengesetzten Zeitform – bis auf einige kurze Adverbien wie *bien, mal, trop, toujours, déjà, assez, souvent, bientôt*).

Auf einen Satz bezogen kann das Adverb am Anfang, in der Mitte oder am Ende des Satzes stehen. Kommentaradverbien werden durch ein Komma vom Rest des Satzes getrennt.

8.1

164 1. il, j', je 2. vous, nous 3. Tu, Tu 4. Vous 5. on, On 6. Elles

▶ Die Subjektpronomen werden in der Regel wie im Deutschen gebraucht bis auf:

– *on*, das „man" bedeutet, aber auch *nous* im gesprochenen Französisch;

– *vous* steht für „ihr" oder „Sie" (Höflichkeitsform);

– *il* ist auch ein unpersönliches Pronomen, steht also auch für „es" oder „man";

– *ils* steht für eine rein maskuline oder eine gemischte Gruppe, *elles* ausschließlich für eine rein weibliche Gruppe.

165 1. elle 2. eux 3. moi, toi
4. vous 5. lui 6. nous

▶ Die betonten Personalpronomen stehen nach Präpositionen, nach dem Ausdruck *c'est*, wenn sie allein stehen oder – zur Betonung – in Kombination mit den ungebundenen Personalpronomen.

166 2. Oui, je vais lui offrir une bague.
3. Je la veux bien cuite.
4. Oui, je te conseille / je peux te conseiller le dernier prix Goncourt.
5. Non, je lui ai envoyé un texto.

▶ Objektpronomen stehen im Französischen vor dem Verb, auf das sie sich beziehen. Man unterscheidet direkte = Akkusativ (*je le revois*) und indirekte = Dativ (*je lui offre*) Objektpronomen. Die Verneinung *ne ... pas* rahmt den Block Pronomen + Verb bzw. Hilfsverb ein. In Sätzen mit *aller* bzw. Modalverben + Infinitiv stehen die Objektpronomen direkt vor dem Infinitiv.

167 2. Le nom de l'expéditeur, où faut-il l'écrire ?
3. Ce médicament, comment faut-il le prendre ?
4. La virgule, dans quel cas ne l'utilise-t-on pas ?
5. La pâte à crêpes, comment la faites-vous ?
6. Vos courses, vous les faites où ?
7. Le CD, où faut-il l'insérer ?

▶ Um das direkte Objekt zu betonen, wird es an den Satzanfang gestellt und durch das entsprechende Objektpronomen wieder aufgenommen. Dies ist eine typisch französische Satzstruktur.

168 2. Est-ce que Tonton aime les escargots ? – Tonton non, et Tata ? – Elle si.
3. Est-ce que Claire aime faire du shopping ? – Claire oui, et Max? – Lui non.
4. Est-ce que le voisin aime les animaux domestiques ? – Le voisin non, et la voisine ? – Elle non plus.

▶ Die Auswahl zwischen *Moi aussi. / Moi pas.* und *Moi non plus. / Moi si.* hängt davon ab, ob der erste Satz verneint wird oder nicht. Auf Sätze ohne Verneinung reagiert man mit *Moi aussi !* (☺☺) oder *Moi non !* (☺☹); auf Sätze mit Verneinung wird mit *Moi non (plus) / Moi pas !* (☹☹) oder *Moi si !* (☹☺) geantwortet.

169 1. le lui 2. te la 3. les leur
4. vous le 5. vous, l' 6. l', la
7. lui, me l', moi 8. te la

▶ Im Französischen folgt das direkte Objektpronomen auf das indirekte („dir es") mit Ausnahme der direkten Objektpronomen der 3. Person Singular und Plural („es ihm/ihr"). Beachten Sie auch, dass einige Verben im Französischen im Gegensatz zum Deutschen ein direktes bzw. indirektes Objekt nach sich ziehen (z. B. *aider, demander*).

Die Objektpronomen werden in der Regel nicht betont. Wenn man sie betonen will, gibt es zwei Möglichkeiten:

– die indirekten Personalpronomen werden durch eine Präposition (in der Regel *à*) und die betonten Personalpronomen ersetzt.

– die direkten Personalpronomen werden durch einen anderen Satzbau hervorgehoben; um diesen Punkt aufzufrischen, können Sie zur Übung 107 in Kapitel 4 zurückblättern.

8.2

170 2. J'y vais mardi.
3. Oui, il en est rentré.
4. Non, j'y pars en vacances.
5. Non, nous n'y allons plus.
6. Oui, il en vient.

▶ Das Wort *y* ersetzt eine Orts- oder Richtungsangabe („dort, dorthin"), *en* ersetzt eine Herkunftsangabe („daher"). *Y* und *en* stehen unmittelbar vor dem Verb, das sie ergänzen.

171
◆ Bonjour monsieur.
● Bonjour madame. Qu'est-ce que je peux faire pour vous ?
◆ Je voudrais un nouveau collier pour mon chien.
● En voilà un. C'est le tout dernier modèle de la collection hiver.
◆ Parfait, je le prends. Et je voudrais des biscuits aussi.
● Combien en voulez-vous ?
◆ Un petit paquet.
● Comme ça ?
◆ Non, j'en voudrais encore plus.
● Malheureusement, je n'en ai plus.
◆ Tant pis, il ne devrait pas en manger autant.

▶ Das Wort *en* („davon") bezieht sich auf eine Teilmenge eines zuvor genannten Begriffs. Im Deutschen fehlt meist eine direkte Entsprechung. *En* kann auch den unbestimmten Artikel ersetzen.

172 2. Non, je n'en prends plus.
3. Non, je n'en veux plus.
4. Non, je n'en apporte pas d'autre.
5. Non, je n'en achète plus.
6. Non, je ne t'en ai laissé aucune !

173 1. y 2. en 3. en 4. en 5. y 6. y

▶ Das Pronominaladverb *y* („daran, dahin, dazu" usw.) ersetzt u. a. Verbergänzungen mit der Präposition *à: Je ne crois pas à ton histoire.* → *Je n'y crois pas.* Das Pronominaladverb *en* („davon, darüber" usw.) vertritt Ergänzungen mit der Präposition *de*: *Je n'ai plus besoin de ce livre.* → *Je n'en ai plus besoin.* Man verwendet *y* und *en* allerdings nicht, wenn sich die Verbergänzungen auf Personen beziehen wie z. B: *Je pense à Paul.* → *Je pense à lui.*

174 1. Je lui en parle souvent. 2. Je ne veux pas te le dire. 3. Nous ne leur avons pas écrit. 4. Allez-y sans moi. 5. N'en prends pas, ce n'est pas bon ! 6. Je l'y vois souvent, dans ce café.

175 1. Vous buvez du café ? – Oui, j'en bois deux tasses par jour.
2. Tu penses souvent à ton pays ? – Non, je n'y pense pas très souvent.
3. Vous allez à Paris en train ? – Non, nous n'y allons plus en train, nous préférons la voiture. 4. Il parle de sa mère ? – Oui, il parle d'elle.

8.3

176 1. où 2. que 3. qui 4. où 5. que 6. où

▶ Die Relativpronomen *qui* und *que* vertreten Personen oder Sachen, *qui* ist dabei Subjekt des Relativsatzes, *que* Objekt. *Où* vertritt eine Orts- oder Zeitangabe. Alle drei Relativpronomen sind unveränderlich.

177 1. De quoi 2. par lequel 3. dont 4. pour laquelle 5. dont 6. d'où

▶ Nach Ergänzungen mit *de* (keine Ortsergänzungen) wird das Pronomen *dont* verwendet. Nur bei Personen sind *dont* und *de qui* austauschbar. Bei Ortsergänzungen mit *de* wird *d'où* gebraucht.

Bei unbestimmten Sachverhalten in Verbindung mit einer Präposition wird immer *quoi* benutzt.

Bei anderen Präpositionen wird *lequel, laquelle* oder *lesquelles* verwendet. Nur diese zusammengesetzten Relativpronomen sind veränderlich.

Welche Präposition gebraucht wird, hängt vom jeweiligen Verb bzw. Substantiv ab.

178 1. avec lesquels 2. à laquelle 3. près duquel 4. dans lequel 5. auxquelles 6. Lequel

▶ *Lequel, laquelle, lesquel(le)s* werden an das Substantiv, auf das sie sich beziehen, in Geschlecht und Zahl angeglichen. Mit den Präpositionen *à* und *de* verschmilzt der bestimmte Begleiter (bis auf die weibliche Form im Singular *à/de laquelle*): *à + le(s)quel(s) → au(x)quel(s); de + lequel → duquel; de + lesquels → desquels.*

179 1. Ce que les gens pensent ne m'intéresse pas.
2. Tout ce que je sais, c'est que je ne sais rien.
3. La chambre est assez petite, ce qui ne me plaît pas du tout.
4. C'est la chose la plus belle que tu puisses dire à quelqu'un.
5. Je me moque de ce qu'elle dit.
6. Mon premier copain voulait toujours m'embrasser, ce qui n'était vraiment pas simple.

▶ „Was" wird meistens durch *ce qui* bzw. *ce que* übersetzt. Relevant für die Auswahl zwischen den beiden Pronomen ist ihre grammatikalische Funktion im Satz: *ce qui* ist Subjekt und *ce que* Objekt. In (4.) ist eine Umformulierung mit dem Substantiv *la chose* (und dem dazugehörigen Relativpronomen *qui, que*) üblich.

9.1

180 à: Berlin, l'école, la bibliothèque, la plage
au: bureau, lit, cinéma, Brésil
en: France, Afrique, Bretagne, Iran

▶ Man verwendet die Präposition *en* ohne bestimmten Artikel bei Ortsangaben in Verbindung mit weiblichen Kontinenten, Ländern und Regionen oder vor Ländern im Maskulinum Singular, die mit Vokal beginnen (*en Iran*).

Bei männlichen Ortsangaben wird *à* verwendet. Die Präposition verschmilzt mit dem bestimmten Artikel (*au Brésil, aux États-Unis*). Die Präposition *à* wird auch bei Städten ohne bestimmten Artikel gebraucht (*à Berlin*).

181 1. des 2. du 3. de 4. de 5. d'

▶ Als Antwort auf die Frage „Woher?" wird die Präposition *de* bzw. *d'* vor Vokal oder „stummem *h*" verwendet. Bei Städtenamen oder weiblichen Ortsangaben (Land, Bundesstaat, Provinz, Kontinent) wird kein bestimmter Artikel benutzt. Im Maskulinum Singular oder Plural verschmelzen Artikel und Präposition: *de + le → du; de + les → des.*

182 1. à l' 2. au, au 3. de, en
4. au, en

▶ Die Antwort auf die Fragen „Wo?" oder „Wohin?" wird in der Regel mit der Präposition *à* und einer Ortsbezeichnung eingeführt. Weibliche Länder und Regionen (*en Chine*) sowie einige andere Substantive (*en discothèque*) werden mit *en* (ohne bestimmten Artikel) gebraucht.

183 en colère (zornig); en coton (aus Baumwolle); en famille (mit der Familie); en hiver (im Winter); en ville (in die / in der Stadt); en voiture (mit dem Auto); en voyage (auf Reisen)

▶ *En* wird bei „geschlossenen" Verkehrsmitteln, Stoffen und Materialien, Jahreszeiten (bis auf *au printemps*), Monatsnamen und in festen Redewendungen benutzt.

184 2. à bientôt 3. à la provençale
4. à un euro 5. à 9 heures
6. à vélo / à bicyclette
7. à 30 ans 8. à pied
9. à Noël 10. un verre à vin

▶ À wird bei „offenen" Verkehrsmitteln, Preisen, Zeitangaben, zur Angabe der Art und Weise und des Zwecks, in der Bedeutung von „bis" sowie in festen Redewendungen benutzt. Es dient auch zur Wortbildung (10.).

185 1. près de l' 2. dans la, dans
3. chez le, en 4. à 5. par la, pendant les 6. de, Ø 7. sur la
8. en

▶ Die wichtigsten Bedeutungen der Präpositionen:

à Uhrzeit, Alter, Ende eines Zeitabschnitts („bis"), „offene" Verkehrsmittel

chez „bei", „zu" mit Personen oder Firmennamen

dans Standort und Richtung (im Gegensatz zu *à* hat es den Bedeutungsaspekt „innerhalb von / in ... hinein")

de Beginn eines Zeitabschnitts, Herkunft

en Material, „geschlossene" Verkehrsmittel, Zeitdauer

par „durch"

près de „in der Nähe von"

sur „auf, über", Thema (eines Buchs, Films usw.)

186 1. d. (dans la matinée) 2. a. (à midi)
3. h. (depuis) 4. c. (aujourd'hui dans une semaine) 5. b. (de 8 heures à 17 heures) 6. g. (jusqu'à 18 heures)
7. f (en un mois) 8. e (il y a plusieurs mois)

187 1. de 2. du 3. de 4. au
5. des 6. à, d'

▶ Die Präposition *de* wird auch bei Mengenangaben, als Namensergänzung oder in zusammengesetzten Präpositionalausdrücken verwendet. Sie wird zu *d'* vor Vokal oder „stummem *h*". Sie ergänzt auch einige Verben (zur Vertiefung dieses Themas dient die nächste Übung).

188 1. de 2. de 3. de 4. à 5. sur 6. à 7. de 8. de

> ▶ Verben (aber auch Adjektive oder Substantive) können unterschiedliche Präpositionen verlangen. Diese Verbindungen muss man am besten einzeln lernen.

189 1. dans 2. dans 3. sur 4. sur, à 5. à 6. sur

> ▶ Da hilft auch nur ein gutes Wörterbuch zum Nachschlagen und ein gutes Gedächtnis zum Auswendiglernen!

190 2. Chez qui vas-tu dîner ?
3. À quoi pense-t-il toujours ?
4. De quel film tu parles ? / De quoi tu parles ?
5. À qui as-tu donné les clefs ?

> ▶ Bei der Wahl der passenden Präposition vor den Fragewörtern *qui* (für Personen), *quoi* (für Objekte), *quel* sollte man sich nach der Information richten, die man erfragen möchte, z. B. *Chez qui tu vas ?* oder aber *Avec qui tu vas ?* usw.

9.2

191 1. en 2. à 3. en 4. à 5. par 6. en 7. en 8. par 9. en 10. sur

> ▶ Bei diesen (und einigen anderen) festen Verbindungen steht im Französischen kein Artikel. Da hilft oft nur auswendig lernen ...

192 1. à côté du 2. sur 3. à la, chez 4. de, du 5. au

> ▶ Trotz Ausnahmen kann man sich an folgender Faustregel orientieren: Wenn man normalerweise vor einem Substantiv den bestimmten Artikel verwendet, so bleibt dieser auch nach einer Präposition erhalten: *à la maison / chez Philippe.*

193 1. à (l') 2. en, jusqu'au 3. des 4. sur 5. en 6. aux 7. du, au 8. de

> ▶ Auch hier kann die Faustregel aus Übung 192 angewendet werden. Von der Verschmelzung ausgenommen sind natürlich feste Verbindungen wie z. B. die aus Übung 191.

9.3

194 1. d' 2. à 3. de 4. à 5. à 6. de 7. de 8. de 9. de

> ▶ Einige Verben verlangen die Präposition *de/d'* vor einem Infinitiv (z. B. *décider de, se souvenir de)*, andere wiederum die Präposition *à* (z. B. *commencer à, s'entraîner à*). Am besten Sie lernen neue Verben gleich mit ihrer Präposition, denn es gibt keine Regel im Präpositionendschungel!

195 1. Demain, ils vont partir en vacances.
2. Il voudrait se reposer.
3. Elle pense pouvoir nager dans la mer.
4. Ils espèrent faire de nouvelles connaissances.
5. Ils s'imaginent avoir une chambre avec vue sur la mer.
6. La chambre est sombre, ils doivent ouvrir les rideaux.

▶ Bewegungsverben, Verben, die eine Meinung, eine Vorliebe, einen Willen, einen Wunsch oder eine Notwendigkeit ausdrücken, sowie alle Modalverben (*pouvoir, devoir* und *vouloir*) werden ohne Präposition an einen Infinitiv angeschlossen.

Infinitivkonstruktionen werden nur gebraucht, wenn die Subjekte im Haupt- und im Nebensatz identisch sind (3.). Sonst ist ein Nebensatz mit *que* notwendig (*Elle pense qu'ils pourront nager dans la mer*).

10.1

196 1. C'est 2. C'était 3. Ce sont 4. c'est 5. C'est / C'était 6. Ce sont

▶ *C'est / C'était* werden bei einem Substantiv im Singular verwendet (1., 2.), *ce sont / c'étaient* bei einem Substantiv im Plural (3., 6.). Ausnahmen:
– im gesprochenen Französisch setzt sich *c'est / c'était* durch, auch bei einem Substantiv im Plural;
– wenn *nous / vous* folgt, wird *c'est / c'était* benutzt (4.).
– bei der Angabe einer Geldsumme steht *c'est / c'était* (wird nicht als Plural aufgefasst, sonders als Ganzes / Summe betrachtet (5.).

197 1. Ce 2. Il 3. C', il, il, il 4. Ils, Ce 5. C', Il

▶ *C'est* wird benutzt, um jemanden oder etwas zu identifizieren bzw. vorzustellen. *Il est* wird verwendet, um jemanden oder etwas zu beschreiben und nimmt alle Ergänzungen an, die wie ein Adjektiv benutzbar sind (z. B. Nationalität, Berufsbezeichnungen **ohne** Artikel, Angabe zu Religion oder Zivilstand und eben alle möglichen Adjektive).

198 1. Il y avait 2. Il y a, c'est 3. il y a 4. Ce sont 5. Il y aura

▶ *Il y a* verweist auf die Existenz einer Sache bzw. einer Person an einem bestimmten Ort und ist unveränderbar. In (5.) steht das Futur, da *quand* auf eine zukünftige Handlung hinweist (dagegen steht bei Verwendung von *si* [wenn, falls] das Präsens).

▶ *C'est / Ce sont* verweisen auf eine sichtbare oder durch *il y a* eingeführte Sache bzw. Person.

199 1. Il était 2. il y a eu 3. Il y aurait 4. Ce sera, y aura 5. il y a

▶ Alle diese Ausdrücke können in jeder Zeit stehen.

10.2

200 1. s'enrhume 2. me souviens 3. te moques 4. s'évanouit

▶ Nur wenige Verben sind „echte" reflexive Verben. Diese tauchen in dieser Übung auf.

Da Französisch und Deutsch sich nicht hundertprozentig entsprechen, ist es empfehlenswert, sich eine Liste der reflexiven Verben zu machen, die in den beiden Sprachen anders funktionieren.

201 1. s', Ø 2. te 3. Ø 4. me 5. nous 6. se

▶ Einige französische Verben können reflexiv oder nicht reflexiv verwendet werden, wobei sich die Bedeutung ändert, z. B. *arrêter* (jmd./etw. festhalten) / *s'arrêter* (stehen bleiben, [an]halten), *appeler* (rufen) / *s'appeler* (heißen), *changer* (wechseln, ändern, umsteigen) / *se changer* (sich umziehen), *porter* (jmd./etw. tragen) / *se porter* (gehen [Gesundheit]), *lever* (heben) / *se lever* (aufstehen). Nur in wenigen Fällen bleibt die Bedeutung gleich, z. B. bei *souvenir* / *se souvenir* ([sich] erinnern).

202 1. Malheureusement, il est arrivé un peu en retard.
2. Nous voulons te remercier pour le cadeau.
3. Tu dois patienter encore un peu.
4. J'y ai bien réfléchi.
5. Ces derniers temps mon mari a beaucoup changé.

▶ Einige Verben sind im Deutschen reflexiv, nicht aber im Französischen, z. B. „sich überlegen, sich bedanken, sich verspäten, sich gedulden, sich (ver)ändern".

203 1. s'est, levée 2. s'est couchée 3. s'est enfuie 4. s'est, perdue 5. s'est, fait 6. nous sommes fait 7. s'est mise 8. se sont rencontrés 9. se sont revus 10. vous ne vous êtes, trouvé

▶ Reflexive Verben bilden die zusammengesetzten Zeitformen mit dem Hilfsverb *être*. Dabei wird das Partizip dem Subjekt angeglichen. Wird *on* im Sinne von *nous* verwendet, wird das Partizip wie ein Maskulinum Plural verändert.

204 1. ennuyées 2. Ø 3. pacsés, Ø 4. Ø; payée 5. Ø 6. trompés

▶ Das Partizip der reflexiven Verben wird jedoch nicht angeglichen:

– wenn einem reflexiven Verb ein direktes Objekt folgt (2.), zweites Partizip in (3.), erstes Partizip in (4.);

– wenn das Verb *faire* in reflexiven Konstruktionen verwendet wird (5.).

Weiterhin gilt Folgendes zu beachten: Wenn ein Satz ein direktes Objekt enthält und dieses vor dem Verb steht, wird das Partizip an das direkte Objekt angeglichen (zweites Partizip in [4.]). Diese Regel gilt nicht nur für reflexive Verben.

10.3

205 Verben mit Stammänderung: envoyer, acheter, préférer, finir, appeler, réfléchir.
1. j'habite 2. tu envoies 3. il dort
4. elle achète 5. on préfère
6. nous sentons 7. vous finissez
8. ils appellent 9. elles étudient
10. nous réfléchissons
Infokasten: je dois, tu dois, il doit, nous devons, vous devez, ils doivent.

> ▶ Bei Verben auf *-er* mit orthografischen Besonderheiten gibt es entweder eine Änderung des Infinitivvokals (*e* wird zu *è* bei *elle achète*, *é* wird zu *è* bei *on préfère*, *y* wird zu *i* bei *tu envoies*) oder eine Verdoppelung des letzten Infinitivkonsonanten (*appellent*).
>
> ▶ Bei Verben auf *-ir* kann entweder eine Verkürzung des Infinitivstamms (3., 6.) oder eine Erweiterung des Infinitivstamms (7., 8.) vorkommen.

206 1. corrigeais 2. nageons
3. renonçons 4. commençais
5. voyageons 6. engageaient
7. effaçait

Lösungswort: conçoit

> ▶ Bei den Verben auf *-cer* und *-ger* wird in der *nous*-Form des *présent* sowie in den Singularformen und in der 3. Person Plural des *imparfait* das *-c-* des Stamms zu *-ç-* bzw. es wird nach dem *-g-* ein *-e-* eingeschoben, was dem Erhalt der Aussprache [s] bzw. [ʒ] dient.

207 Waagerecht: 1. ouvre 2. sais
3. prennent 4. plaisez 5. dites
Senkrecht: 1. écrivent 2. peut
3. faisons 4. buvons 5. croyez

208 4. il ira 5. il irait 6. il voudrait
7. il serait 8. il sera 9. je serai
10. je viendrai 11. nous viendrons
12. nous viendrions 13. nous aurions
14. vous auriez 15. vous recevriez
16. vous recevrez 17. ils recevront
18. ils verront 19. ils verraient
20. ils sauraient 21. tu saurais
22. tu pourrais 23. tu pourras
24. tu feras

> ▶ Bei der Konjugation der unregelmäßigen Verben im *futur simple* und im *conditionnel présent* greift man auf denselben Verbstamm zurück, wobei die regelmäßigen Endungen der jeweiligen Zeitform angehängt werden.

209

indicatif présent	subjonctif présent que/qu'...	imparfait	futur	conditionnel
il vient, je mange, ils ont, nous aimons, ils finissent, vous vendez	il vienne, je mange, ils aient, nous aimions, ils finissent, vous vendiez	nous aimions, vous vendiez, j'allais, ils achetaient, tu préférais, il buvait	j'irai, nous serons, vous parlerez, ils achèteront, tu préfèreras, il boira	j'irais, nous serions, vous parleriez, ils achèteraient, tu préfèrerais, il boirait

10.4

210 1. écrit 2. venu 3. fini 4. été 5. répondu 6. acheté 7. allé (regelmäßig) 8. vécu 9. compris 10. ouvert

▶ Bei den Verben auf *-er*, *-ir* und *-dre* enden die regelmäßigen Partizipien auf *-é*, *-i* und *-du*, z. B. *acheté*, *fini* und *répondu*.

211 – participes passés en *-t*: fait (faire), détruit (détruire), conduit (conduire), produit (produire), dit (dire);

– participes passés en *-int*: atteint (atteindre), craint (craindre), rejoint (rejoindre), peint (peindre), plaint (plaindre);

– participes passés en *-ris*: pris (prendre), compris (comprendre), appris (apprendre), surpris (surprendre), entrepris (entreprendre),

– participes passés en *-u*: lu (lire), pu (pouvoir), dû (devoir), su (savoir), voulu (vouloir)

– participes passés en *-ert*: ouvert (ouvrir), offert (offrir), couvert (couvrir), souffert (souffrir), découvert (découvrir)

– participes passés en *-i*: ri (rire), suivi (suivre), poursuivi (poursuivre), suffi (suffire), souri (sourire)

▶ Trotz aller Unregelmäßigkeiten sind einige wiederkehrende Muster bei der Bildung des *participe passé* erkennbar.

212 1. plu 2. fait, restés 3. rencontrés 4. rencontré 5. pris 6. écrite, touché (Sprecher ist ein Mann) bzw. touchée (Sprecher ist eine Frau) 7. battus

▶ Werden die zusammengesetzten Zeiten mit dem Hilfsverb *avoir* gebildet, wird das Partizip nicht an das Subjekt angeglichen, es sei denn, das direkte Objekt (in (6.) *me* bzw. *m'*) steht vor dem Verb, siehe dazu auch Übung 204. Werden sie mit *être* gebildet, wird das Partizip an das Subjekt angeglichen.

213 2. Non, je ne les ai pas reçus.
3. Mais bien sûr, nous les avons achetés.
4. Oui, elle les a prises.
5. Oui, nous l'avons rangée.

▶ Steht vor einer zusammengesetzten Verbform mit dem Hilfsverb *avoir* ein direktes Objektpronomen, wird das Partizip an dieses Pronomen angeglichen.

214 1. ai, es 2. a, a 3. avez
4. as, ai, a 5. avons

▶ Bei der Wahl des Hilfsverbs kann man sich am Deutschen („haben" bzw. „sein") orientieren. Allerdings gibt es auch Abweichungen, u. a. bei den reflexiven Verben (Hilfsverb: *être*), bei einigen Verben der Bewegung (Bewegungsart) – z. B. *marcher, courir, nager, rouler, skier, voyager, voler* (Hilfsverb in der Regel: *avoir*) oder mit dem Verb *finir* (aufgepasst: *je suis fini* gibt es auch, aber mit einer ganz anderen Bedeutung: ich bin am Ende!)

215 1. est retourné 2. j'ai déjà rentré, est pas encore rentré 3. avez passé, sommes aussi passés, avons monté 4. as déjà sorti, est complètement sorti 5. n'avons pas encore retourné

▶ Die Verben *sortir, rentrer, passer, descendre, monter* und *retourner* haben bei transitivem Gebrauch (d. h. mit direktem Objekt, z. B. bei [2.]) das Hilfsverb *avoir* und bei intransitivem Gebrauch (d. h. ohne direktes Objekt, z. B. bei [1.]) das Hilfsverb *être*.

216 1. Cette théorie n'a jamais été prouvée.
2. Demain, à cette heure, nous serons déjà arrivés à Thiers. / Demain, à cette heure déjà, nous serons arrivés à Thiers.
3. Attends, je n'ai pas encore fini !
4. Ce n'est pas ce que vous avez toujours voulu savoir ?
5. Tu as déjà vu le Sacré-Cœur de près ? / Tu as déjà vu de près le Sacré-Cœur ?
6. Ton frère t'a à peine touchée et tu pleures ?

▶ Im *passé composé* steht die Verneinung um das Hilfsverb, Zeitadverbien wie *encore, à peine, déjà, jamais* oder *toujours* stehen in der Regel vor dem *participe passé*.

217 2. Non, je n'ai encore jamais rencontré personne sur Internet.
3. Non, je n'ai encore jamais chatté avec personne sur Internet.
4. Non, je n'ai encore jamais rien twitté.
5. Non, je n'écris plus de télégrammes, il y a les textos maintenant !

▶ Verneinungswörter wie *personne* oder *rien* werden in der Regel in Verbindung mit *ne* verwendet. Achtung: Das Verneinungswort *personne* steht nach dem *participe passé*.

10.5

218 1. les 2. le 3. l' 4. la 5. l'

▶ Verben wie *remercier* (danken), *suivre* (folgen), *aider* (helfen), *féliciter* (gratulieren) und *écouter* (zuhören) verlangen im Französischen – anders als ihre deutschen Entsprechungen – ein direktes Objekt (Akkusativobjekt).

219 1. lui 2. leur 3. lui 4. lui

▶ Verben wie *demander* (fragen), *mentir* (lügen), *parler* (sprechen) und *téléphoner* (anrufen) verlangen im Französischen – anders als ihre deutschen Entsprechungen – ein indirektes Objekt (Dativobjekt).

220 1. Monsieur Garnier, je vous remercie beaucoup !
2. Qu'est-ce que le prof a dit ? Tu l'as écouté ?
3. Je peux vous demander quelque chose ?
4. Quand mes amies ont besoin de moi, je les aide toujours.
5. Je vous téléphone demain.
6. Vous prenez la première rue à droite et vous la suivez jusqu'au croisement...
7. Katia leur a menti pour pouvoir sortir le soir.

10.6

221 1. étais 2. ai mangé 3. étaient 4. suis sorti 5. voulais 6. suis entré 7. ai indiqué 8. intéressait 9. s'est mis 10. avais 11. aimais 12. ai pris 13. ai dessiné

▶ Beim Erzählen in der Vergangenheit wechselt man ständig zwischen *imparfait* und *passé composé*. Das *imparfait* führt den Hintergrund der Handlung (Personen, Orte, Situationen, Gewohnheiten, Gemütszustände) ein, während das *passé composé* der Ereignisbeschreibung dient.

222 1. passais, ai vu 2. prenais, ai eu 3. étais, sont arrivés, a commencé, étions, mangions, sonnait 4. tricotait, bricolait

▶ In diesen Beispielen beschreibt das *imparfait* (gegebenenfalls in der Verlaufsform *être en train de + infinitif*) eine Handlung, die noch ablief, als eine andere hinzutrat. Letztere wird durch das *passé composé* ausgedrückt. Das *imparfait* kann auch für gleichzeitig ablaufende Handlungen verwendet werden (3.).

223 1. voulais, a voulu 2. deviez, avons pas pu 3. pouvais 4. a dû

▶ Modalverben wie *devoir*, *pouvoir* oder *vouloir* im *imparfait* bringen nicht eindeutig zum Ausdruck, ob die Handlung stattgefunden hat oder nicht. Aus einem *passé composé* geht dies hingegen eindeutig hervor.

224 ● Bien merci, je suis allée en France.
◆ Où étais-tu exactement ?
● D'abord, je suis allée au bord de la mer sur la Côte d'Azur... Et puis je suis allée à Paris. C'était un long voyage... mais il m'a beaucoup plu.

▶ Wenn man ein Ereignis als abgeschlossen betrachtet, verwendet man im Französischen das *passé composé*.

225 1. saviez 2. ont su 3. connaissions, sommes connus

▶ Das Verb *savoir* heißt im *imparfait* „wissen", im *passé composé* hingegen „erfahren". *(Se) connaître* bedeutet im *imparfait* „kennen", im *passé composé* „kennenlernen".

10.7

226 1. serai, serai 2. sera 3. irons 4. ferez 5. sauras, est 6. réserves, pourras 7. tueras

> ▶ Das Futur wird im Französischen häufiger als im Deutschen benutzt, z. B. für:
>
> – zukünftige Pläne (1.);
>
> – höfliche Äußerungen (2.) oder Bitten (5.);
>
> – Gebote oder Verbote (4., 7.);
>
> – in Bedingungssätzen, wenn im *si*-Satz ein Verb im Präsens steht und die Handlung in der Zukunft liegt (6.).

227 1. j'irai 2. sera 3. je vais ouvrir 4. ne vas pas laisser 5. va bientôt changer 6. m'appelleras

> ▶ Im Gegensatz zum Deutschen, wo es nur eine Futurform gibt, unterscheidet man im Französischen zwischen *futur* und *futur proche*. Oft sind *futur* und *futur proche* austauschbar, aber nicht immer!
>
> Das *futur proche* drückt aus:
> – dass der Zeitpunkt der Handlung unmittelbar bevorsteht;
> – eine vage Absicht;
> – ein gewisses Entsetzen (mit Verneinung).
>
> Das *futur* drückt aus:
> – dass der Zeitpunkt der Handlung unbestimmt ist;
> – eine feste Absicht;
> – eine formelle Vorhersage.

10.8

228 1. évitez 2. buvez, bougez 3. Passez, vendez 4. consommez, achetez, faites 5. Louez, protégez

> ▶ Die Imperativformen können von den entsprechenden Formen des Indikativ Präsens – ohne Personalpronomen – abgeleitet werden, außer bei den Verben der ersten Gruppe (*-er*) in der 2. Person Singular, bei der das *s* verschwindet (*passer* → *tu passes*, Imperativ: *passe*). Eine sehr häufig gebrauchte Form im Schriftverkehr sollten Sie sich merken: *veuillez* (von *vouloir*).

229 2. Mangez plus équilibré et buvez moins d'alcool.
3. Ne dormez pas trop longtemps, ne faites jamais la sieste après 14 h.
4. Changez-vous les idées, lisez un livre intéressant.
5. Donnez-vous rendez-vous avec vos amis.
6. Sortez de la maison, allez au cinéma et surtout faites du sport !

230 1. Regarde-moi. 2. Ne dites pas oui. 3. Dépêche-toi. 4. Ne vous inquiétez pas. 5. Vas-y ! 6. N'ayez pas confiance. 7. Sois prudent !

> ▶ Zu 229 und 230: Bei Befehlen ohne Verneinung werden die Objektpronomen (auch Reflexivpronomen) mit einem Bindestrich an das Verb angehängt, wobei *me* und *te* zu *moi* und *toi* werden, *nous* und *vous* bleiben dagegen unverändert. Bei verneinten Befehlen ändert sich weder ihre Form noch ihre Stellung.

231 2. Fais-en une. 3. Donne-le lui.
4. Rends-le lui. 5. Montre-les lui.
6. Explique-le moi.

▶ Bei Imperativsätzen mit zwei Pronomen steht immer zuerst *le*, *la*, *les*. Nur das erste Pronomen wird mit Bindestrich angeschlossen. Anders als im Deutschen setzt man bei Imperativsätzen in der Regel kein Ausrufezeichen, das nur bei Ausrufen und ausdrücklichen Ge- und Verboten benutzt wird.

10.9

232 1. c. 2. a. 3. e. 4. d. 5. b.

▶ Das *gérondif* verbindet zwei Sätze miteinander und drückt eine temporale (Zeit), kausale (Grund), modale (Art und Weise), konditionale (Bedingung) oder konzessive (Einräumung) Beziehung aus. In der Regel sind das Subjekt und – bei einem *gérondif présent* – die Zeitebene (Gegenwart, Vergangenheit oder Zukunft) die gleichen wie im Hauptsatz.

233 1. En arrivant trop tard, ma nièce n'a pas pu revendre ses places pour le concert de Stromae.
2. Fais bien attention en traversant la route.
3. On ne peut pas continuer à vivre ainsi en faisant comme si de rien n'était.
4. Tout en ne connaissant pas cette femme, tu lui fais confiance ?
5. En fermant bien toutes les fenêtres, la chaleur ne rentrera pas dans la maison.

234 1. En faisant trop de sport, ma sœur s'est fait mal au dos.
2. Nous t'avons vu(e) en allant faire les courses.
3. Je reste mince tout en mangeant beaucoup.
4. En jouant aussi, on apprend.
5. En venant avec nous, tu t'amuseras bien.

10.10

235 1. Le Parlement a été élu par les citoyens.
2. Les lois ont été votées par le Parlement.
3. Les citoyens sont informés par les médias des lois entérinées.
4. Les lois devront être respectées par les citoyens.
5. À l'époque de Louis XIV, les décisions concernant la vie des citoyens étaient prises seulement par le roi.

▶ Das Passiv wird mit *être* + Partizip Perfekt (+ *par* + Urheber) gebildet. Das Partizip wird an das Subjekt angeglichen. Das Hilfsverb drückt die Zeitform des ursprünglich aktiven Verbs aus.

236 2. Ce chef de service est craint de tous ses employés.
3. Le cambrioleur a été arrêté par la police, hier soir, vers 22 h.
4. L'hôtel était constitué de trois bâtiments.
5. Le paquet sera envoyé à cette adresse.
6. Comment le piercing devrait être mis ?

▶ Der Urheber wird meistens mit der Präpostition *par* eingeführt, außer bei einigen Verben des Gefühls *(aimer, détester, haïr, craindre, respecter* etc.) oder bei Verben der Beschreibung, deren Subjekt kein Lebewesen ist. Auch die Konstruktion *devoir + infinitif passif* kann die passive Bedeutung ausdrücken (6.).

237 1. Ja 2. Ja 3. Nein 4. Ja 5. Ja 6. Ja

> ▶ Im Französischen werden viel häufiger aktive Sätze mit dem Pronomen *on* im Sinne von „man" (1., 5.) oder aktive Umschreibungen mit passiver Bedeutung als das Passiv benutzt. Unter den aktiven Umschreibungen sind u. a. reflexive Verben (2., 4.) oder die Konstruktion *se faire* + Infinitiv (6.) zu finden. Zu diesem Thema siehe auch Übung 109.

238 1. Ici, on peut apporter à manger.
2. La musique du restaurant s'entendait dans toute la rue.
3. Nos voisins se sont fait cambriolés trois fois en un an.
4. L'anglais se parle partout dans le monde.
5. Il est prévu d'augmenter le salaire des employés de 1,5 % à la fin de l'année.

10.11

239 Indicatif présent : tu bois, nous dormons, vous essayez, nous mangeons, nous parlons, nous sommes, je vais

Subjonctif présent : que tu aies, que tu ailles, que tu écrives, que nous fassions, que(/qu') je/ il/elle/on finisse, que(/qu') je/ il/elle/on je puisse, que vous sachiez, que nous voulions

Indicatif présent *und* subjonctif présent : (qu') ils/elles doivent, (qu') ils/elles mettent, (qu') ils/elles prennent, (que/qu') je/il/elle/on trouve

> ▶ Die 1. und 2. Person Plural des *subjonctif présent* entsprechen den jeweiligen Formen des *imparfait.* Bei den Verben auf *-er* stimmen die Singularformen des *subjonctif présent* mit den Formen im *indicatif présent* überein, z. B. *je parle, que je parle.*

240 1. vas 2. retrouvions 3. sont, faut 4. pleuve 5. soyons 6. aie 7. fasse 8. aie

> ▶ Zu den wichtigsten „Auslösern" des *subjonctif* zählen „Gefühlsverben", die einen Wunsch, Angst oder einen Befehl ausdrücken (u. a. *souhaiter, désirer, aimer, avoir peur de, craindre, redouter, vouloir, ordonner, exiger*), nicht aber „Kopfverben", die eine Bemerkung oder eine Meinung ausdrücken, es sei denn, diese Verben (6.) sind verneint oder stehen in einer Inversionsfrage (7.). Der *subjonctif* steht auch in Sätzen, die einen Superlativ enthalten (8.). Beachten Sie, dass nach *espérer* (1.) immer der Indikativ steht.

241 1. fait 2. fasse 3. fait 4. fasse 5. fait 6. (ne) fait (pas)

> ▶ Der *subjonctif* wird in unpersönlichen Wendungen benutzt, wenn diese einen Zwang, ein subjektives Urteil oder eine Möglichkeit ausdrücken. Wenn unpersönliche Wendungen dagegen eine Gewissheit, eine große Wahrscheinlichkeit oder eine Tatsache ausdrücken, dann wird der Indikativ benutzt.

242 2. Je souhaite ne pas être seul. / qu'il ne soit pas seul. 3. Julian ne veut pas savoir la vérité. / qu'elles sachent la vérité. 4. Avez-vous peur de tomber malade ? / qu'elle tombe malade ? 5. Je ne crois pas me tromper. / que vous vous trompiez. 6. Je suis très contente de venir / que tu viennes. 7. Maintenant, il faut débarrasser la table. / que nous débarrassions la table.

▶ Der *subjonctif* wird in der Regel verwendet, wenn Haupt- und Nebensatz unterschiedliche Subjekte haben. Bei gleichem Subjekt greift man auf eine Infinitivkonstruktion zurück.

243 1. devons 2. ait 3. a 4. puisse 5. soit 6. rendes 7. a 8. disparaisse 9. ayez 10. est

▶ Einige Konjunktionen verlangen ein Verb im *subjonctif*, z. B. *avant que* (bevor), *pour que* (um ... zu), *bien que* (obwohl), *à condition que* (unter der Bedingung, dass), *à moins que* (es sei denn), *de peur que* (aus Angst, dass). Achten Sie auch auf den Unterschied zwischen *après que* (nachdem) mit Indikativ und *avant que* (bevor) mit *subjonctif*. *Après que* ist dabei allerdings die Ausnahme.

244 1. Il était désolé que Mme Dumier ait eu un accident.
2. Mme Dumier doute qu'il ait été vraiment désolé.
3. Mme Dumier voudrait qu'il lui donne une augmentation de salaire.
4. Mme Dumier ne croit pas que son chef signe le contrat.
5. Il est possible qu'elle se trompe.

▶ Der *subjonctif présent* drückt eine Gleichzeitigkeit oder Nachzeitigkeit zwischen der Handlung des Hauptsatzes und des Nebensatzes aus. In beiden Fällen ist die Handlung des Nebensatzes nicht abgeschlossen.

Der *subjonctif passé* drückt eine Vorzeitigkeit zwischen der Handlung des Haupt- und Nebensatzes aus. Die Handlung des Nebensatzes ist abgeschlossen. Diese Zeitform wird mit dem Hilfsverb im *subjonctif présent* und dem Partizip des Verbs gebildet. Die Regeln zur Auswahl des Hilfsverbs und zur Angleichung des Partizips sind dieselben wie für das *passé composé*.

10.12

245 2. se parlaient, se comprendraient 3. pouvais, aiderais 4. serait, mettions 5. faisait, pourrait 6. aurais, contredisais

▶ Im Bedingungssatz (*si...*) steht das *imparfait de l'indicatif*, im Hauptsatz der *conditionnel présent*.

246 1. Si je le savais, je te le dirais.
2. Qu'est-ce que tu ferais si tu avais un million d'euros?
3. Appelez-moi si vous aviez un problème.
4. Ce ne serait pas mieux si on commençait à travailler ?
5. Qu'est ce que vous répondriez si vous étiez à ma place ?
6. Nos randonnées te plairaient mieux si tu étais toi aussi de bonne humeur.

247 2. Mais si je te l'avais dit, qu'est-ce que tu aurais fait ?
3. Est-ce que tu l'aurais raconté à quelqu'un si tu en avais eu la possibilité ?
4. Est-ce que celui qui l'aurait su l'aurait gardé pour lui ?
5. Ou l'aurait-il raconté à quelqu'un d'autre si on lui avait demandé ?
6. Est-ce que cela aurait encore été un secret si tout le monde en avait parlé ?
7. Heureusement, je ne le savais pas et donc je ne te l'ai pas dit...

▶ Die Bedingungen sind nicht mehr erfüllbar, weil sie sich auf die Vergangenheit beziehen. Im Satz mit *si* (wenn) verwendet man das *plus-que-parfait*, im Hauptsatz das *conditionnel passé*.

10.13

248 2. Je pensais que cette information n'était pas intéressante.
3. Je savais que les choses avaient changé.
4. Je pensais que les choses changeraient encore.
5. Je ne pensais pas que mon ami viendrait encore.
6. Je savais que la NASA avait / a découvert une planète semblable à la terre.

▶ Diese Zeitenfolge ist bei einem Wechsel von der Gegenwart in die Vergangenheit zu beachten:

Hauptsatz:
présent → *passé (imparfait* oder *passé composé)*

Nebensatz:
présent (indicatif) → *imparfait*
passé composé → *plus-que-parfait*
futur simple → *conditionnel présent*

▶ Wenn eine allgemeingültige Aussage in der indirekten Rede ausgedrückt wird, dann kann das Verb statt im *imparfait* auch im *présent* stehen (6.).

249 1. aurais dit 2. c'était 3. vous avez exagéré 4. aurais dit, avais demandé 5. ait déjà fini 6. plairait

▶ Siehe Erklärung zu Übung 248. Merken Sie sich: *il me semble que* (3.) steht immer mit dem Indikativ.

250 1. qu'il aimerait bien ne rien faire aujourd'hui. 2. si j'avais bien dormi
3. nous nous reverrions
4. il s'agissait d'un simple rhume.
5. elle allait passer tous les étés au bord de la mer, chez ses grands-parents. 6. il voudrait absolument me revoir.

▶ In der indirekten Rede findet eine Zeitenverschiebung statt, wenn das einleitende Verb (hier: *a dit, demanda* usw.) in der Vergangenheit steht: *présent* wird zu *imparfait*, *passé composé* zu *plus-que-parfait* und *futur simple* wird zum *conditionnel présent*. *Imparfait*, *plus-que-parfait* und *conditionnel* bleiben unverändert.

Register

Register

Die Zahlen beziehen sich auf die durchnummerierten Übungen.

A

à 180, 182, 184–190, 191–193, 194
abholen 36
Adjektiv oder Adverb? 153–159
Adjektive: Angleichung 140, 142
Adjektive: Endungen 139–144
Adjektive: Steigerung 150–152
Adjektive: Steigerung, unregelmäßige Formen 152
Adjektive: Stellung 160–162
Adverbien: Stellung 163, 216
Akkusativ 218, 220
Akzentzeichen 22, 23
Alltagsleben: Redewendungen 77–79
Arbeit: Redewendungen 85
Artikel 119–122
Artikel: Gebrauch 123–125
aussi: Stellung 114
Aussprache 1–16
avoir als Hilfsverb 213–215

B

Bedingungssätze 245–247
beau 144
bekommen 37
Berufe 134
bestimmte Artikel: Gebrauch 123, 124
bestimmte und unbestimme Artikel 119–122
besuchen 38
Betonung 17, 18
bien 155, 156
Bild 39
bildliche Redewendungen 94–100
bitte 40, 106
brauchen 41
brav 31
brave 31
bon 54, 140, 142, 152, 155

C

c: Aussprache 1
chez 185, 192
c'est 196–199
c'est … qui 108
conditionnel: Gebrauch 245–247
conditionnel: Konjugation 208, 209
connaître 225

D

dans 185, 188, 189
das, was 179
Dativ 219
Datumsangabe 105
de 181, 182, 185–188, 190, 192, 193, 194
démonstration 30
Demonstration 30
direkte Objektpronomen 166, 167, 169, 218, 220

E

e: Aussprache 11, 12
en: Pronomen 112, 171–175
en: Präposition 180, 182, 183, 185, 186, 188, 191, 193
Essen: Redewendungen 97, 107
être als Hilfsverb 214, 215
être en train de + infinitif 222

F

fahren 42
falsch 43
falsche Freunde 30–35
Farben: Redewendungen 96
faire + Infinitiv 58, 93
Fragewörter 104, 190

Freund(in) 44
futur: Gebrauch 109, 227
futur: Konjugation 208, 209, 226, 227

G

g: Aussprache 2
Gefühl 45
gehen 46
gehören 47
gerne 117
gérondif: Gebrauch 232–234
Gesundheit: Redewendungen 80
gleich 48
Glück 49
groß 50
Groß- und Kleinschreibung 20
gut 51

H

Haar 52
hängen 53
Hilfsverben 213–217
hören 76

I

il y a 110, 198, 199
Imperativ 228–231
imparfait: Gebrauch 221–225
imparfait: Konjugation 209, 221–225
imparfait oder *passé composé?* 221–225
indicatif oder *subjonctif?* 239–244
Indikativ Präsens: unregelmäßige Verben 207
indirekte Objektpronomen 166, 168, 219
indirekte Rede 248–250
Infinitiv mit oder ohne Präposition 194, 195
Infinitivkonstruktion 116, 242

J

Jahr 54

K

Karte 55
Kleidung 34
kochen 56
Kommasetzung 21
Komparativ (erste Steigerungsstufe) 150
Konditional: Gebrauch 245–247
Konditional: Konjugation 208, 209
Konjunktionen 243
können 57
Körperteile: Redewendungen 99

L

lassen 58
laufen 59
Leben: Redewendungen 77, 86
leicht 60
lernen 61
lequel, laquelle, lesquels, lesquelles 177, 178
liaison 16
lieber 117
ll: Aussprache 9

M

machen 62
maîtresse 32
mieux 158, 159
meilleur 152, 158
Modalverben 57, 223

N

Nachricht 63
Nasale 14, 15
non plus 115, 168

O

o: Aussprache 10
Objektpronomen 166–169, 218–220
Objektpronomen: betonte und unbetonte Formen 165
Objektpronomen: zusammengesetzte Formen 169, 172, 231
on 109

P

par 188, 191
participe passé: Angleichung 203, 204, 212–216
participe passé: Bildung 210, 211
passé composé oder *imparfait?* 221–225
passen 64
Passiv 235–238
pendant 72, 185
Personalpronomen: Objekt 165–169, 218–220
Personalpronomen: Subjekt 164
Possessivadjektive 145–149
Possessivpronomen 148
pouvoir 57
Präpositionen 180–190
Präpositionen: Verschmelzung mit dem bestimmten Artikel 122, 123, 180, 181, 192, 193
Präpositionen vor einem Infinitiv 194, 195
présent de l'indicatif: unregelmäßige Verben 207

Q

quand 73
que als Relativpronomen 176
qui als Relativpronomen 176

R

rapide 154
Rechtschreibung 19–29
Redewendungen 94–100
reflexive Verben 200–204
Relativpronomen 176
Restaurant: Redewendungen 106

S

s: Aussprache 4–7
sans 188, 191
savoir 57, 225
Schule: Redewendungen 84
schwer 65
sehen 66
si 73, 245–247
soziales Leben: Redewendungen 81, 82
Steigerung der Adjektive 150–152
Steigerung der Adjektive: unregelmäßige Formen 152
stimmen 67
Stück 68
stummes *h* 120
Subjektpronomen 164
subjonctif: Gebrauch 240–244
subjonctif: Konjugation 209, 239, 244
Substantive mit regelmäßigen Endungen 131
Substantive: Betonung 17
Substantive: Geschlecht 130–134
Substantive im Singular bzw. Plural 136
Substantive: unregelmäßige Pluralformen 135
Superlativ (zweite Steigerungsstufe) 151, 152
sur 185, 189, 191, 192

T

Tag 69
Teilungsartikel 126–129
Telefon: Redewendungen 83
temps 89
Termin 32
Tiere: Redewendungen 98
tous 6
treffen 70

U

üben 71
Uhrzeit 102
unbestimmte und bestimme Artikel 119–122
unregelmäßige Verben im Indikativ Präsens 207
Urlaub: Redewendungen 87

V

Verhalten: Redewendungen 90, 93
verneinter Imperativ 230
Verneinung 128
Verneinungswörter 217
vite 154
voilà 118
Vokale: Aussprache 10–12

W

während 72
wenn 73
werden 74
Wortstellung 107, 108

X

x: Aussprache 8

Y

y 111, 170, 173–175

Z

Zeichensetzung 19, 21–25
Zeit: Redewendungen 88, 89
Zeitangaben 89, 102, 103, 105, 186
Zeitenfolge 248–250
Zimmer 75
zuhören 76
Zukunft: Gebrauch 109, 227
Zukunft: Konjugation 208, 209, 226, 227
zusammengesetzte Objektpronomen 169, 172, 231
zusammengesetzte Substantive im Deutschen 91, 92

Foto: © iStock/jacomstephens

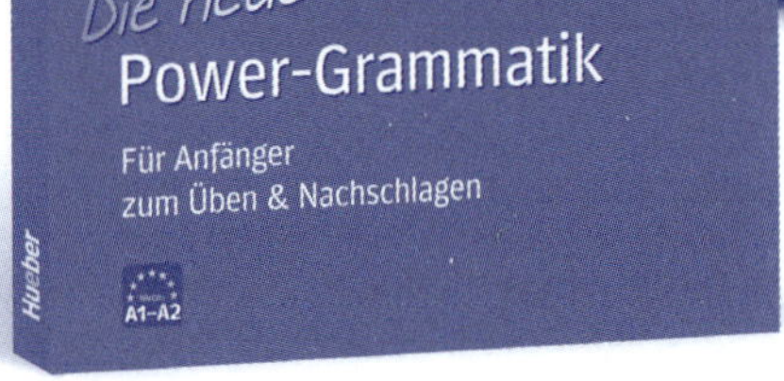

Die neue Power-Grammatik
Französisch
208 Seiten
ISBN 978-3-19-503267-4

Mit Power lernen!

Die neue Power-Grammatik Französisch ist die vierfarbige Neuausgabe des Grammatikklassikers! Durch den klaren Seitenaufbau – linke Seite Übersichten, Regeln und Erklärungen, rechte Seite Übungen – können Anfänger mit diesem modernen und innovativen Übungsbuch schnell und effektiv Grammatikthemen in kleinen »Portionen« erarbeiten, begreifen und üben.

- Mit umfangreichem Glossar des Übungswortschatzes
- Lustige Cartoons führen unterhaltsam in das Grammatikthema ein und unterstützen visuell den Lernprozess
- Zahlreiche Tests zur Überprüfung des Lernfortschritts
- Lösungsschlüssel, Register und Übersichten im Anhang

Auch für Englisch, Italienisch und Spanisch erhältlich.

www.hueber.de/franzoesisch-lernen

Hueber **Freude an Sprachen**